Mme Dorriman

Un roman.

Tome 3

Mme Henry Wayland Chetwynd

Writat

Cette édition parue en 2024

ISBN : 9789359946627

Publié par
Writat
email : info@writat.com

Contenu

CHAPITRE I.

Le printemps se débat dans la fumée et le brouillard, les moineaux crasseux jouent dans l'herbe et un visage soucieux regarde tout cela.

Les rides laissées par la jeunesse s'approfondissent et deviennent plus visibles avec l'âge, et l'on peut généralement lire l'histoire des trois premières décennies sur les visages des personnes âgées. Mme Dorriman, souffrant dans sa jeunesse d'injustice et d'un manque d'affection, portait les marques des deux ; seule sa véritable douceur de caractère l'avait sauvée de la mauvaise humeur, car l'irritabilité est autant le résultat d'un refoulement perpétuel chez une personne faible par nature, que la violence et la colère sont le résultat d'un caractère incontrôlé chez la jeunesse.

Mais, tandis que Mme Dorriman regardait les moineaux enfumés et l'herbe qui verdissait sous les difficultés, elle remarqua que les oiseaux se disputaient et ne jouaient pas, ils voulaient chacun une longue paille, l'enviaient. Seuls, ils ne pouvaient pas le soulever, et pourtant ils ne conjuguaient pas leurs efforts, et après tout il fallait le laisser là, à la merci du vent. Leurs efforts inefficaces dans une cause aussi désespérée semblaient aux pauvres petites dames typiques de l'humanité, perdant leur temps à lutter pour l'inatteignable et ne voyant jamais à quel point leurs efforts étaient parfaitement infructueux.

Elle fut tirée de cette réflexion banale par l'entrée de la servante.

M. Sandford, en meilleure forme et occupé à sa table à écrire, avait beaucoup changé depuis sa dernière attaque. Il avait toujours des manières rudes et son discours était impérieux parce que l'habitude de toute une vie ne se rompt pas facilement, mais de diverses manières, il montra à sa sœur combien il avait appris à l'apprécier. Sa propre conscience de n'être plus tout à fait le même – à laquelle il n'a jamais fait ouvertement allusion –, les diverses déceptions qu'il a rencontrées dans les affaires, l'échec de certains de ses projets les plus chers – tout se confondait pour le faire s'accrocher à sa sœur comme à son seul objet. dans sa vie qui a toujours été le même et qui ne l'a jamais déçu.

Même s'il y avait entre eux un secret si important pour lui qu'il s'efforçait perpétuellement de l'oublier, la voir là près de lui lui faisait souvent momentanément oublier qu'il y avait entre eux quelque chose de inconfortable.

De son côté, sa dureté d'autrefois et les divers événements de sa vie auxquels il avait joué un rôle avaient d'abord été résolument repoussés loin d'elle, puis oubliés. En fait, le seul sentiment qu'elle avait maintenant était lié à son mari et à cette perplexité perpétuelle quant à savoir s'il était chrétien ou s'il était juste de reculer devant la compagnie éternelle sur laquelle chaque livre qu'elle lisait insistait comme lui offrant la plus profonde consolation. Elle aimait son frère, il appréciait ses vertus domestiques, et une femme pardonne beaucoup quand elle reçoit de l'appréciation pour ce dont elle est fière. Elle avait observé les moineaux et, avec un rapide reproche envers sa propre oisiveté, elle se tourna vers lui. se dirigea vers la porte et vit qu'un télégramme était dans la main du domestique. Un télégramme ! Il y en avait deux !

Soucieuse de ne pas exciter M. Sandford, elle en déchira un. C'était de M. Macfarlane.

« Incendie désastreux ici et grande perte – vos papiers sont tous sains et saufs.

La pauvre petite femme, si soudain rappelée à ce qu'elle avait presque oublié, eut l'impression qu'on lui jetait une substance explosive. Dans sa stupéfaction, elle tendit le télégramme à son frère, oubliant, pour le moment, tout sauf l'impulsion d'avoir sa sympathie, puis avec un bref éclair de souvenir, elle dit : « Je ne voulais pas le montrer » et tendit le bras. sa main pour ça.

Trop tard! M. Sandford l'avait lu, et maintenant il regardait son visage avec des yeux furieux et indignés.

« De quels documents s'agit-il ? » demanda-t-il d'une voix dure.

"Des papiers appartenant à mon mari... à moi. Je les avais oubliés."

"De quoi s'agit-il ?" Sa voix était dure et lui rappelait douloureusement le bon vieux temps ; quelque chose aussi de la peur qui la tenait alors dans une telle étreinte lui revenait maintenant.

"Je ne les ai pas lus."

Son front s'éclaircit un peu, mais il fut étonné de constater qu'après tout elle n'avait pas oublié. Ils avaient été bien plus l'un envers l'autre ces derniers temps, avait-il pensé, et tout le temps, elle avait gardé cette arme en réserve pour le frapper.

Il y avait là tellement de trahison qu'il en fut abasourdi. Comme il n'avait pas sondé les profondeurs de son caractère, si elle en était capable.

"Frère," dit-elle, "tu peux me dire ce que je n'ai jamais eu le courage de découvrir par moi-même. Est-ce que quelque chose dans ces journaux élèvera mon mari à mon estime, ou le rabaissera-t-il à mes yeux ?"

"Comment puis-je savoir quelle est votre opinion sur votre mari ?" » demanda-t-il grossièrement ; "C'était un homme bon et bon cœur, pas un homme d'affaires, mais attentionné et bon envers *vous* . Vous n'avez rien à redire."

Rien à redire ! je pense à elle ! La pauvre Mme Dorriman pensait qu'elle n'avait pas bien entendu. "Il m'a laissée dépendante", dit-elle avec un sanglot dans la voix.

M. Sandford rétrécit, puis il dit rapidement :

" Qu'as-tu voulu que tu n'aies pas eu de moi ? "

" Ah ! mon frère ! ce n'est pas pareil ; tu ne sais pas combien il est amer de tout devoir, d'être obligé, quand cela n'aurait pas dû être nécessaire. J'aurais dû avoir le mien. "

Ce cri, résultat de mois, voire d'années, d'un chagrin perpétuel pour Mme Dorriman, était une lumière entièrement nouvelle pour son frère, dont la vision plus grossière de la vie était que tant qu'il y avait de l'argent, de la nourriture et des vêtements, peu importe de qui ils viennent. Il faisait aussi partie de ces hommes qui s'imaginent qu'une femme n'a rien à voir avec l'argent ; qui conçoivent qu'ils ne sont pas faits par nature pour disposer d'un placement ou même pour contrôler leurs revenus au-delà de la partie qui leur est allouée pour le paiement d'une facture de boucher ou l'achat de quelque vêtement plus ou moins frivole.

Il la regardait en silence, conscient que cette nouvelle phase de son caractère devait être réfléchie en son absence. Il a ensuite dit:

"Écrivez pour ces papiers; il n'y a rien là-dedans qui puisse blesser votre mari à vos yeux. Il a pensé à vous."

" Alors pourquoi Inchbrae ne m'appartenait-il pas ? Quand il m'a dit du moins je *pense* qu'il me l'a dit — que c'était à moi, et que vous l'avez vendu, comment a-t-il pu penser à moi et ne pas me laisser indépendant ? Si Inchbrae était à moi, comment pourrait-il tu le vends et je n'y consents jamais ?

« Anne, » dit M. Sandford, « jusqu'à ce que les journaux arrivent, nous laisserons tomber le sujet ; quand ils viendront, vous comprendrez. Lisez l'autre télégramme. Il parlait avec difficulté, et Mme Dorriman ouvrit en toute hâte la missive jaune sur ses genoux, consciente de la négligence dans une autre direction. C'était de Grace.

« Toutes sortes de complications ici… ne pouvez-vous pas venir ou envoyer quelqu'un qui puisse aider Margaret ? Son mari est malade.

Alors tout fut oublié, sauf cette nouvelle anxiété. Mme Dorriman avait l'impression que la vie en ce moment était bien trop difficile pour elle. Ses propres affaires l'intéressaient beaucoup : alors les journaux, son frère et maintenant Margaret.

"Elle ne dit pas quel genre d'aide elle demande, et pourquoi Margaret ne s'est-elle pas télégraphiée ?"

C'était M. Sandford ; sa sœur restait assise à réfléchir et à réfléchir, sans parvenir à une solution, regardant impuissante droit devant elle.

"Elle a Jean", dit-elle enfin.

M. Sandford ne répondit rien. Il se pencha en arrière sur sa chaise, réfléchissant, et il était évident à l'expression de son visage que ses pensées lui étaient très douloureuses ; puis il dit lentement :

"Il y a un homme que je n'aime pas et, d'ailleurs, il ne m'aime pas, mais c'est la seule personne à laquelle je peux penser qui peut aider Margaret en ce moment. Son nom est Stevens. Il était le manager de Drayton et l'a quitté. parce que Drayton n'a pas suivi ses conseils concernant un investissement que je lui ai recommandé."

"Cela n'en dit pas beaucoup sur sa sagesse", a déclaré Mme Dorriman, qui avait une croyance aveugle quant aux capacités financières de son frère.

"Cela a montré sa sagesse", a déclaré brièvement M. Sandford.

"C'était un investissement risqué, voire mauvais."

Mme Dorriman regarda son frère avec des yeux grands ouverts d'étonnement.

M. Sandford eut un bref rire, dans lequel il n'y avait aucune gaieté. Après un moment ou deux, il dit :

"Télégraphiez à cet homme et demandez-lui de se rendre immédiatement à Wandsworth."

"En ton nom ou en mon nom ?" » demanda Mme Dorriman en tirant vers elle un formulaire télégraphique.

"Au nom de Margaret. Dites : 'Mme Drayton implore M. Stevens de venir la voir immédiatement. Son mari est très malade.' Mettez « Les Limes, Wandsworth ». Je pense qu'il agira en conséquence", a déclaré M. Sandford en sonnant et en envoyant le télégramme.

Mme Dorriman a écrit à M. Macfarlane en quittant la pièce pour le faire. Les paroles de son frère à propos de son mari étaient pleines de mystère pour elle, mais elle s'accrochait à ses paroles selon lesquelles son mari avait pensé à elle et essayait de ne pas y penser du tout. Bientôt, on lui ferait comprendre, et si comprendre tout cela la rendait plus heureuse, elle désirait d'autant plus que les explications soient terminées.

Elle termina sa lettre, se demandant si elle en avait dit assez et pas trop, et s'assit avec la lettre pliée et scellée entre ses mains avec quelque chose de son hésitation habituelle lorsqu'elle avait fait un pas important. Puis elle se leva vivement et le renvoya. Elle sentait qu'elle devait se présenter en présence de son frère, après avoir exaucé ses souhaits. Elle n'eut alors pas le temps de réfléchir, car la sonnette de la porte d'entrée, habituellement si silencieuse, sonna bruyamment, et aussitôt un homme d'âge moyen, grand, aux larges épaules, entra dans la pièce et se dirigea droit vers elle.

"Mme Dorriman, je crois ? On m'a dit que M. Sandford est malade, alors je vous ai demandé. Je m'appelle Stevens", et il lui serra la main et s'assit comme s'il était sûr de son accueil.

"Je... nous venons de vous télégraphier, M. Stevens."

"Hah ! Et pourquoi ?"

"M. Drayton est très malade et Margaret… nous voulions que vous alliez la voir."

« Exactement ce que je craignais », dit-il ; « J'ai reçu une lettre de Sir Albert Gerald, qui correspond avec moi au sujet de certaines propriétés galloises, de certaines mines, etc. ; il a dit qu'il était sûr que M. Drayton était trop malade pour être soigné uniquement par sa femme ; qu'il était convaincu, d'après la façon dont il se comportait, que son esprit était affecté. Je suis venu ici parce que je pensais que je devrais obtenir des détails complets, je suis prêt à y aller immédiatement et voir si je peux être utile.

"Merci", dit chaleureusement Mme Dorriman; " Dois-je vous montrer le télégramme et voudriez-vous voir mon frère ? "

"Je n'ai pas besoin de déranger votre frère. Oui, montrez-moi le télégramme."

Mme Dorriman a quitté la pièce, laissant M. Stevens arpenter la pièce.

"Quelle horrible honte de laisser une jeune fille l'épouser !" il murmura; "et Sandford le savait, car je le lui ai moi-même dit."

Il prit le télégramme des mains de Mme Dorriman alors qu'elle entrait, et, le froissant, il dit : « Au revoir », et, avant que Mme Dorriman se soit vraiment rendu compte de sa présence, il était parti.

Elle s'assit un moment ou deux pour récupérer, consciente qu'une aide puissante lui avait soudainement été apportée par la personne de M. Stevens.

Il y avait dans ses manières une rapidité et une décision qui la réconfortaient inexprimablement. Le connaissant très peu de choses sur lui, il y avait encore dans son visage un mélange de gentillesse et d'astuce, et une honnêteté directe qui l'impressionnait.

Elle se leva pour rejoindre son frère avec la moitié de ses problèmes disparus.

"Qui est venu ici ?" » demanda-t-il alors qu'elle entrait dans la pièce.

"Oh, mon frère, une chose si merveilleuse ! A peine mon télégramme adressé à M. Stevens était-il parti qu'il est apparu lui-même. Il avait entendu quelque chose et est venu découvrir ce que nous savions."

Mme Dorriman poussa un soupir de soulagement en s'asseyant.

"Qui lui a écrit ?" a demandé M. Sandford ; "Est-ce que Grace le connaît ?"

"Je ne le pense pas, mais Sir Albert Gerald a écrit. Il correspondait avec lui pour affaires."

« Sir Albert Gérald ? s'écria M. Sandford ; "N'est-ce pas l'homme qui a failli être tué à Lornbay ?"

"Et que Margaret a trouvé ? Oui," dit Mme Dorriman.

« Qu'est-ce qu'il peut faire là ? dit M. Sandford ; "Il aurait mieux fait de rester à l'écart."

"Mais s'il aide Margaret ?" dit Mme Dorriman ; "C'est une bonne chose pour elle d'avoir un ami près d'elle."

« Cela peut être le cas ou non », dit sombrement M. Sandford ; puis, fixant ses yeux sur sa sœur, il dit : « Vous êtes très innocente, Anne, mais pensez-vous qu'un jeune homme comme Sir Albert Gerald soit un ami sûr pour une belle jeune fille comme Margaret, qui est malheureuse en mariage ?

"Mais son mariage n'était pas de votre fait, vous avez essayé de la persuader de ne pas le faire. J'ai dit tout ce que j'ai pu, elle n'a qu'à s'en prendre à elle-même", dit sévèrement Mme Darriman.

"Ne me faites pas plus honte de moi-même que je n'en ai déjà", dit-il amèrement. "J'aimais Margaret et je souhaitais la garder avec moi. Elle est comme... mais Grace. Au départ, je l'ai persuadé de venir ici, je ne me souciais pas d' *elle* ; et je n'aurais pas dû me soucier de son malheur. Ensuite, j'ai été tellement en colère que je lui ai rendu la vie insupportable ; et si le malheur en résulte, puis-je me considérer comme irréprochable ? »

Il parlait avec une grande agitation et Mme Dorriman se sentait impuissante à dire un mot pour le réconforter. Elle savait qu'il y avait du vrai dans sa manière de présenter les choses, et qu'en ce sens, il était responsable.

« Encore une chose, » dit-il en se tournant brusquement vers elle, « et il n'y a aucune raison pour que vous ne le sachiez pas. Quand j'ai interrogé Drayton ici, je ne savais pas ce que Stevens m'avait appris par la suite, et quand il me l'a dit. était trop tard ; je ne savais pas que sa mère était morte folle et que lui-même avait été retenu. Je ne l'ai su qu'après le mariage de ce pauvre enfant, et que pouvais-je faire ?

Un cri d'horreur jaillit de Mme Dorriman.

" Ah, Anne ! Tu as beau être horrifiée, mais ne vois-tu pas que tout cela me fait absolument me détester ? Je t'assure quand je me couche le soir, et quand je ferme les yeux le matin, c'est le premier malheur. pensée qui me hante et me hantera jusqu'à mon dernier jour.

« Pouvons-nous ne rien faire ? » elle sanglotait ; "C'est si affreux de penser à elle si loin de nous et si impuissante."

"Si j'y allais, il serait probablement pire, et j'avoue que sa haine virulente à mon égard est le seul fait qui me réconcilie avec le fait de ne pas pouvoir y aller. Maintenant que cet homme Stevens est parti, il fera plus que n'importe qui, il " J'ai une très grande influence. Je n'en ai ni la santé ni la force, " et, alors qu'il se laissait tomber, essoufflé, sur une chaise, Mme Darriman reconnut que cela n'était en effet que trop vrai et que sa place était à ses côtés.

Car cette agitation provoqua l'une de ses pires attaques, et quand il fut de nouveau plus facile, il était comme d'habitude faible et complètement prostré ; et assise à côté de lui, comme souvent auparavant, la pauvre petite femme dut supporter patiemment l'anxiété et croiser les mains tandis que toutes ses craintes et ses terreurs pour Margaret la poussaient à se précipiter sur les lieux de l'action.

Grace n'écrivait ni ne télégraphiait, et peut-être que Mme Dorriman n'avait jamais traversé une telle période d'épreuve auparavant.

Il lui semblait que son devoir s'étendait dans deux directions opposées, ou était-ce qu'elle ne voyait pas très clairement quel était son devoir principal ?

Les choses ne furent pas beaucoup arrangées par une lettre de Jean, qui était très fière de son talent de langage et qui avait l'habitude d'envelopper son sens dans de nombreuses phrases compliquées.

"Ma chère et honorée dame", écrivit-elle, "je suis dans une grande détresse et anxiété, et Miss Grace est bien mieux et bien avec elle, et nous sommes d'accord à merveille; et la propriétaire, elle ne doit pas être mentionnée pour sa méchanceté et son abus. l'huile que nous payons et cuisine trop mal pour qu'une femme puisse la manger, encore moins une jeune femme avec un ventre haut et pas forte comme Miss Grace, mais cela ne me dérange pas, et je fais juste les choses moi-même et elle est très contente pauvre chose, mais le mari de Miss Margaret a pris une mauvaise tournure, et des méfaits se produiront et se produiront certainement si la police n'intervient pas, et ils disent qu'ils ne le feront pas à cause d'une loi que personne ne comprend, et comme je l'ai expliqué à vous, ma chère dame, j'espère que vous me pardonnerez, mais j'aimerais que vous soyez ici, ou même M. Sandford, car il pourrait faire preuve d'un peu d'humeur et les obliger à faire leur devoir. J'espère que M. Sandford va bien et n'est pas très gênant. à voir avec, bien que je sache que la maladie rend tout le monde un problème. Regardez-moi, et c'est pire pour un homme, donc plus de la part de votre humble serviteur, JEAN .

"Nous entendons cette mauvaise nouvelle de toutes parts", a déclaré Mme Dorriman, "et je suis très anxieuse, mon frère."

"Il y a de quoi s'inquiéter, mais maintenant que Stevens est parti, nous n'avons plus besoin d'avoir peur."

"S'il parvient seulement à entrer."

"Faites-lui confiance ; d'ailleurs, vous devez vous rappeler qu'après tout, c'est seulement Grace qui s'est vu refuser l'entrée."

"C'est tout ce que nous *savons* , mais comme j'aimerais, comme j'aimerais que Margaret soit en sécurité ici avec nous !"

"Cela ne sert à rien de souhaiter quoi que ce soit", dit-il avec impatience. Mme Dorriman soupira.

"N'est-il pas vrai qu'il n'y a aucun bien à faire quelque chose de mal, quel que soit le bon motif ?"

"Que *veux*- tu dire," dit-il avec colère.

"Je veux dire", dit-elle désespérément, "que si Margaret n'avait pas voulu donner un foyer à Grace, elle n'aurait pas épousé M. Drayton."

"Pensez-vous que je ne le sais pas ?" il a dit. " Ne vois-tu pas que l'horreur de tout cela m'accable presque ? Je te l'ai déjà dit moi-même ! "

"Oh, mon frère", dit Mme Dorriman avec remords, "je ne voulais pas dire..." Mme Dorriman semblait prête à pleurer.

"C'est parce que vous ne le pensez pas que cela empire les choses. Anne," dit-il en se levant brusquement et en la regardant, "si quelqu'un savait ce que signifie le mot remords, je pense qu'il y aurait moins de mal à faire quelque chose." le monde. *C'est* le ver qui ne meurt jamais et le feu qui ne s'éteint jamais. Il parlait sur un ton de désespoir et de découragement, et Mme Dorriman s'efforçait de le consoler.

"Tu ne sais rien de cela, mon frère," dit-elle, "tu ne devrais pas parler ainsi. Tu n'as jamais commis de tort grave." Elle s'arrêta net lorsqu'un cruel souvenir lui vint, la peur obsédante qui l'avait autrefois possédée. Son visage rougit et elle trembla visiblement.

Il la regardait en silence, incapable de concilier les paroles qu'elle prononçait, impliquant la confiance en lui et le doute exprimé sur son visage. Enfin il dit d'un ton faible, qui trahissait la grande prostration dont il souffrait :

"Nous parlerons un autre jour, Anne. Peut-être que lorsque nous aurons cette conversation, tu te sentiras libre de me quitter, d'aller voir Margaret ou n'importe qui d'autre."

"Frère", dit Mme Dorriman en se levant et en se tenant à côté de lui, les mains jointes, "j'ai appris à prendre soin de vous maintenant - et s'il existe dans le passé quelque chose qui puisse nous séparer - laissez-le tranquille - à moins que," ajouta-t-elle. , précipitamment, "cela pourrait nuire à la mémoire de mon mari".

Elle parlait solennellement et il la regardait avec sérieux.

"Je crois que tu es une bonne femme, Anne, mais tu ne peux pas redresser la situation sans..."

Il l'éloigna de lui d'un geste, et elle, troublée et agitée, craignant et espérant à la fois, se baissa brusquement et l'embrassa, démonstration inhabituelle de sa part, mais destinée à sceller la promesse qu'elle avait eu l'intention de faire. , et c'est ainsi qu'il l'a compris.

Mme Dorriman, réservée et réticente, avait un grand espoir dans tout cela. Elle était convaincue que cette histoire, si douloureuse dans ses moindres détails, n'était pas connue des étrangers. Rien ne lui semblerait si douloureux s'ils pouvaient le garder pour eux. Elle était de ces gens qui aiment s'entourer de leur manteau et ne pas montrer leurs blessures. C'est le malheur des personnages comme le sien qu'aucun événement de nature malheureuse ne se produit en rapport avec leur histoire familiale qu'ils ne commencent à se reprocher soit de faire ou de ne pas faire des choses, soit de dire ou de ne pas dire quelque chose à ce propos. . Le manque de confiance en elle conduit souvent à de nombreux tourments, et lorsqu'elle a quitté la chambre de son frère, elle était très malheureuse, s'accrochant à cette seule croyance en l'intimité comme au seul point positif.

Personne n'avait besoin de le savoir, et elle se dit ces mots et trouva qu'ils la réconfortaient. Elle ne savait pas combien de temps elle était restée assise à réfléchir, mais le crépuscule approchait lorsque la servante vint vers elle et lui demanda si elle accepterait de recevoir Mme Wymans.

"Je ne suis pas dehors, bien sûr, si quelqu'un appelle ; vous pouvez les faire entrer", dit-elle, surprise par son ton.

Mme Wymans est arrivée avec cette expression de sympathie préparée que certaines personnes se sentent en droit de montrer en toutes occasions où le chagrin peut à juste titre être supposé être en question.

"C'est vraiment gentil", dit-elle en se blottissant contre Mme Dorriman. "J'appelle ça une véritable amitié de me permettre de te voir à un tel moment."

"Mon frère va tellement mieux", dit Mme Dorriman, avec son petit air de douce dignité, "qu'il n'y a aucune raison pour que je me refuse à qui que ce soit."

" Ah, c'est gentil de votre part ; mais ensuite, chère Mme Dorriman, je m'intéresse si profondément à vous depuis ce jour où nous nous sommes rencontrés dans le wagon. J'ai ressenti tellement de sympathie et un réel intérêt. "

"Tu es très bon."

"Oh non ! Je ne vais pas bien du tout. Mais ton frère, comment supporte-t-il ça ?"

"Il va mieux et de bonne humeur, compte tenu de toutes choses."

"Ah!" et Mme Wymans poussa un soupir qui aurait presque envoyé un navire à travers la mer.

La scène était curieuse : la femme brûlante de curiosité et d'une intense anxiété de savoir ce qui la mettrait dans la position (dans la société de Renton) d'être vraiment intime avec Mme Dorriman ; et l'autre, alarmée, anxieuse, mais se levant courageusement et cachant par un effort merveilleux qu'elle était nerveuse à propos de quoi que ce soit.

" Sera-t-il jugé ? Bien sûr qu'il le sera, " et Mme Wymans poussa un autre soupir, qui fut interrompu au milieu par le manque de souffle.

Le cœur de la pauvre Mme Dorriman semblait s'être arrêté. À qui s'agissait-il ? Son frère? Elle montra néanmoins un visage posé à Mme Wymans, qui était perplexe, ennuyée et commençait à craindre que ses informations ne soient pas exactes sur tous les points.

"Vous parlez d'énigmes, Mme Wymans", et Mme Dorriman était visiblement ennuyée.

"Des histoires si étranges, si étranges se sont répandues, on ne sait jamais quoi croire", répondit Mme Wymans, "mais je l'ai entendu sur ce qui semblait être une très bonne autorité."

« Auriez-vous la gentillesse de me dire ce que vous avez entendu et en quoi cela me concerne ? et Mme Dorriman sentait que le suspense lui était très terrible.

" Soyez prêt, car vous n'avez évidemment rien entendu ", et Mme Wymans sentit pleinement l'importance d'être la première à annoncer des nouvelles importantes ; "Le bébé de Mme Drayton est mort, et, Mme Dorriman, *l'enfant n'est pas mort de mort naturelle* !"

Mme Dorriman sursauta – pendant un instant, elle perdit le contrôle d'elle-même.

"Faites attention, Mme Wymans ! Oh, savez-vous ce que vous dites !"

"Vous ne savez rien?"

"Je ne sais rien de l'enfant, et," prenant soudain courage à cette pensée, "Jean, ma vieille servante, m'a écrit, et Grace, Miss Rivers, a télégraphié : "M. Drayton est malade", c'est tout. n'est rien de plus."

" Il y a bien plus encore. Mais, ma chère Mme Dorriman, je vous en prie, calmez-vous ; je vous en prie, ne vous excitez pas. M. Drayton est malade, c'est vrai, mais personne ne vous a dit autre chose ? "

"Que peut-on dire de plus ?" » demanda Mme Dorriman, luttant pour se maîtriser et se sentant comme si cela la dépassait.

Mme Wymans fit une pause ; elle avait cru que son autorité était bonne, et elle avait si complètement cru à chaque mot qu'elle entendait (nous sommes tous si enclins à croire le pire aspect du malheur d'un ami) que maintenant, constatant que Mme Dorriman ne savait rien, elle elle commença à se demander, quand il fut trop tard, si l'histoire pouvait être tout à fait vraie ; peut-être avait-il été exagéré.

"Peut-être," dit-elle lentement, "comme vous n'avez rien entendu..."

Mme Dorriman se tourna vers elle avec un feu et une vivacité qui l'étonnèrent assez.

"Mme Wymans, vous en avez dit assez pour me remplir d'appréhension ; vous dites que l'enfant est mort. Il est étrange que nous ne le sachions pas, mon frère et moi ; et vous ajoutez, d'un ton très significatif, que cela n'a pas été le cas. mourir de mort naturelle. Que veux-tu dire ?

Ainsi mise aux abois, Mme Wymans laissa soudain échapper ce qu'elle avait entendu.

« On dit que M. Drayton est fou et qu'il a tué l'enfant. Pour l'amour de Dieu, Mme Dorriman, ne vous évanouissez pas ! s'écria-t-elle en remarquant la pâleur mortelle de la pauvre petite femme devant elle.

« Je… ne vais pas m'évanouir », dit la pauvre Mme Dorriman, de cette voix lointaine qui parle de la plus cruelle agitation mentale ; "Mais vous m'avez raconté une histoire horrible. Je n'y crois pas !" continua-t-elle avec un sanglot ; "mais c'est horrible, et je dois y aller... je dois télégraphier immédiatement."

"Oui, télégraphiez", dit Mme Wymans avec empressement; "Je ne peux pas emporter le télégramme avec moi ? Il ne me faudra pas longtemps."

"Merci, non", dit froidement Mme Dorriman.

Comme nous aimons peu celui qui apporte de mauvaises nouvelles !

« Que ferez-vous de M. Sandford ? continua la femme obtuse, soucieuse de gêner ce qui se passait, et ne voyant pas que Mme Dorriman mourait d'envie de se débarrasser d'elle ; "Rendez-moi utile. Dois-je aller vers lui ? Un étranger annonce parfois mieux une mauvaise nouvelle qu'un parent très proche."

La patience de Mme Dorriman était à bout.

« Vous devez prouver que vos nouvelles sont vraies, » dit-elle, « avant d'oser présenter vos condoléances à mon frère ou à moi ; et Mme Wymans, nous nous connaissons très peu, et je dois vous demander d'être très aimable pour laisse-moi."

Mme Wymans, une femme sur laquelle il était en effet très difficile de faire une impression, fut, pour une fois dans sa vie, complètement déconcertée par l'affirmation soudaine d'elle-même chez une femme qu'elle avait considérée comme une aimable idiote. Ses adieux furent prononcés avec rapidité, et elle quitta la chambre et la maison sans comprendre pourquoi sa visite avait échoué, ni pourquoi on lui faisait sentir que son intrusion était une impertinence. Mme Dorriman, restée seule, a essayé de rassembler ses pensées et de ne pas prendre cette histoire pour acquise. Si c'était vrai, même si l'enfant était mort, pourquoi Grace, Jean ou quelqu'un d'autre n'ont-ils pas télégraphié ?

Tout à coup, ce qu'elle redoutait et attendait lui arriva : une fois de plus, un télégramme lui fut apporté.

"Pauvre Margaret dans une affreuse détresse... son enfant est mort... la scarlatine."

Le soulagement de cette dernière information, après tout ce qu'elle avait redouté, la brisa. Elle sanglota quelques instants très pitoyablement.

Puis elle s'est rendue chez M. Sandford et l'a étonné par la façon dont elle lui a présenté l'affaire.

"C'est un tel soulagement !" » commença-t-elle, de manière incohérente, sans lui dire quel était son soulagement : puis elle ajouta, les larmes coulant sur son visage : « L'enfant de la pauvre Margaret est mort !

M. Sandford était choqué, mais ne comprenait pas pourquoi cette nouvelle, qui l'affectait si légèrement, était un soulagement.

« Est-ce que quelque chose n'allait pas avec l'enfant ? Il a demandé.

« C'est un problème ? »

"Oui ; pourquoi sa mort vous soulage-t-elle ?"

"Oh, frere!" » répondit-elle hystériquement : « Pas sa mort, mais la façon dont il est mort.

Il comprit qu'on lui avait proposé un sort pire, et il essaya de la consoler...

"J'ai vu des copies de toute la correspondance qui a eu lieu lorsque Drayton était sous contrainte auparavant", a-t-il déclaré, "et il est clairement indiqué qu'il était obstiné et très gênant, mais jamais violent."

Mme Dorriman s'est efforcée de penser que cela était consolant, mais n'y est pas parvenue.

L'horreur de cette situation était presque insupportable et elle quitta la pièce, incapable d'affronter la moindre discussion à ce sujet, même avec son frère ; complètement et entièrement misérable, et désireux de pouvoir voir le moindre élément de consolation dans cette situation, pour le bien de Margaret.

CHAPITRE II.

Au Limes, la situation devenait chaque jour plus terrible pour Margaret. M. Drayton était toujours maussade, silencieux et vigilant, et cette vigilance incessante lui brisait les nerfs. Elle pleurait longuement, sans qu'elle s'en aperçoive. Les servantes étaient parties et elle ne pouvait pas les remplacer ; la seule femme qui venait le jour faire le ménage et la cuisine (et ne pouvait faire ni l'un ni l'autre) était la seule, à part sa nourrice, et Margaret vivait dans la peur qu'elle la quitte.

Il arriva un jour où M. Drayton eut une crise très terrible avec l'homme qui, jusqu'à présent, s'entendait bien avec lui. Et la scène se termina par son départ, disant à Mme Drayton qu'il avait été engagé pour s'occuper d'un ivrogne et non d'un fou.

"Tu le crois fou ?" balbutia Margaret en le regardant avec anxiété, une lueur d'espoir lui venant. Si cet homme expérimenté le pensait, ne pourrait-il pas convaincre les médecins ?

"Je le pense; au moins, je sais qu'il est parfois en colère. Aucun homme sensé ne continuerait comme il l'a fait," et l'homme lissa son col indépendamment de la présence de Mme Drayton. "Vous voyez, il est très dangereux et très rusé, et c'est là que ça se passe. Vous pouvez avoir autant de médecins pour le voir, et devant eux, il se contrôle pour que personne ne croie ce qu'il est. Je n'ai jamais été traité ainsi auparavant », et il lissa ses cheveux et se prépara à la quitter.

"Tu ne peux pas t'arrêter ?" murmura Margaret plus agitée ; "Je—j'ai peur."

"Je ne peux pas m'arrêter parce que maintenant il s'en prend à moi", répondit-il, "et il crie dès qu'il me voit. J'ai perdu tout contrôle sur lui, et mon séjour ne servirait à rien ni à vous ni à personne d'autre."

La pauvre Marguerite le regarda avec désespoir, et, un peu ému par son expression, il dit vivement :

" N'ayez pas peur, madame. J'irai directement chez le médecin ; il m'a envoyé ici, et il me connaît, et je lui dirai exactement ce que c'est, et il viendra à la première heure et le voir."

Margaret le vit partir, avec un désespoir absolu. Elle avait beaucoup souffert ces derniers temps ; son bébé qui dormait avec elle avait été si agité et si insomniaque.

La pauvre enfant elle-même n'avait aucune expérience et la nourrice qu'elle avait était une jeune femme de bonne humeur et gentille, mais peu habile. Depuis plusieurs nuits, l'enfant n'avait dormi que dans les bras fatigués de Margaret, qui marchait de long en large, et de haut en bas avec lui. Chaque fois qu'elle essayait de le coucher, il se réveillait et pleurait et, comme tous les enfants habitués à être beaucoup caressés et portés par sa mère, il n'aimait pas être confié à la nourrice lorsqu'il était malade.

Le manque de sommeil, la terreur incessante dans laquelle elle se trouvait, tout ce qu'elle vivait avec ces yeux terribles et infatigables toujours sur elle, tout concourait à la rendre vraiment malade.

La tension est devenue intolérable et Margaret a compris qu'il fallait faire quelque chose : quelqu'un devait intervenir en sa faveur et l'emmener avec son enfant.

Ce n'est que par l'intermédiaire de sa nourrice qu'elle pouvait entendre parler de Grace. Jean se rendit à plusieurs reprises à la maison et ne réussit jamais à déconcerter la vigilance de M. Drayton. Maintenant que le domestique était parti, il n'ouvrait plus la porte, et les cloches pouvaient sonner toute la journée, il n'y prêtait pas attention. Plus d'une fois, Margaret se dirigea vers la porte avec confiance pour transmettre un message, pour entendre une voix qu'elle connaissait, seulement pour sentir une forte poigne sur son épaule et être repoussée.

Le passage en pierre entre le portail et la maison était trop long pour qu'elle puisse se faire entendre. Elle ne comprenait pas pourquoi Grace n'envoyait aucun message ni pourquoi aucune lettre ne lui parvenait - et ne découvrit que longtemps après que sa cuisinière, qui, naturellement, trouvait l'endroit tout sauf ce qu'elle aimait, passait son temps à se rendre à Londres et à chercher une autre situation. , et ne s'est jamais approché de Grace du tout.

Il valait mieux que la pauvre créature ne sache pas alors à quel roseau cassé elle se confiait.

Elle espérait beaucoup de la déclaration de l'homme au médecin, et tandis qu'elle marchait de long en large au cours de la longue et fatigante nuit, elle essayait de penser que bientôt cette terrible situation prendrait fin pour elle et pour son enfant.

De la fenêtre de la chambre d'enfant, elle pouvait regarder au loin les arbres et les arbustes, ainsi que le haut mur, et elle enviait les gens qui allaient et venaient. Elle n'avait commis aucun crime et pourtant elle était pratiquement prisonnière. Elle n'avait ni société, ni amis, ni livres ; et quand elle faisait un effort sur elle-même et rencontrait son mari au dîner mal servi, il ne lui parlait jamais ; quand elle le rencontrait de temps en temps dans le couloir, il était également silencieux, mais l'expression féroce de ses yeux la terrifiait, et elle évitait ces rencontres, reculant parfois avec une peur de lui qui augmentait de jour en jour.

Le temps plus chaud la retenait maintenant presque toute la journée dans le jardin, où M. Drayton ne voulait jamais venir et où elle se sentait libre.

Mais chaque jour augmentait ses inquiétudes à propos de son enfant. Il restait fiévreux et essoufflé par moments. Si elle le réveillait et essayait de le faire jouer avec elle, il pleurait, et enfin même ses yeux expérimentés voyaient que c'était plus qu'une indisposition passagère.

Alarmée, elle se précipita dans le salon de son mari. Il était assis comme d'habitude près de la fenêtre et parlait, pensa-t-elle, à quelqu'un, mais en s'approchant de la fenêtre, elle découvrit qu'il était seul et qu'il parlait tout seul. Il y avait pour elle quelque chose de si terrible dans la conversation imaginaire qu'il avait, qu'un instant elle recula effrayée, encore plus que d'habitude, mais l'amour de sa mère lui donna du courage et elle s'approcha de lui.

"Bébé est malade", dit-elle très sérieusement. "Pauvre bébé ! Je n'ai aucune expérience. Me laisserez-vous consulter le médecin ?"

"Non," répondit-il avec colère. "Non, ce n'est qu'un tour, tu m'as joué un tour l'autre jour, et je ne permets à personne de revenir ici. Tu es ma femme et personne ne viendra te voir."

" Ce n'est pas pour me voir, " dit-elle en tremblant, essayant de lui faire plaisir, " c'est bébé. Oh ! tu me laisses appeler le médecin ? "

"Aucun médecin ou autre homme ne viendra ici", dit-il avec fureur; "Je te connais maintenant, tu es plein de trucs, et si un médecin venait tu le lui dirais."

"Je lui parlerais de mon bébé !" elle a pleuré. "Oh, si jamais tu tiens à moi, si jamais tu m'aimes, tu me laisseras voir un médecin pour mon enfant !"

Il l'observa un instant, les yeux mi-clos, avec ruse, triomphalement et curieusement, puis il la poussa hors de la pièce.

Elle s'est précipitée vers la porte d'entrée et l'a frappée impuissante avec ses mains. Il l'a entendue et est sorti et a essayé de l'arrêter alors qu'elle montait à l'étage.

« Si vous essayez de quitter la maison, je vous enfermerai », dit-il malicieusement ; "et ton joli bébé peut pleurer à chaudes larmes, mais tu ne le verras pas."

Une nouvelle terreur l'envoya voler à ses côtés.

L'infirmière, effrayée et affligée, s'est portée volontaire pour y aller, quoi qu'il arrive.

"Mais il ne me laissera peut-être pas entrer à mon retour", a-t-elle ajouté.

Pour Margaret, qui regardait son enfant souffrir, qu'importe ?

"Aller!" s'écria-t-elle ; "vole, et si tu peux le dire à ma sœur. Mon Dieu!" s'écria-t-elle, envoyez-moi quelqu'un pour m'aider ; elle tomba à genoux, ses bras toujours autour de l'enfant, et la femme disparut.

Les instants lui semblaient des heures, pour relever et ventiler son petit visage, pour essayer de lui faire avaler quelques gouttes pour rafraîchir sa bouche desséchée, pour le bercer dans ses bras et lui verser des baisers sur les pieds et les mains. Elle ne savait pas combien de temps elle restait seule avec lui, mais elle fut surprise par l'ouverture de la porte. Elle avait oublié de s'enfermer !

Elle savait que c'était son mari ! Il vint s'appuyer contre le mur et la regarda.

"Personne ne peut entrer", a-t-il déclaré. "Je suis complètement maître de la situation", puis il eut un de ses rires les plus terribles.

Le bébé, à moitié apaisé, dans un court sommeil, commença violemment et des convulsions se produisirent. Margaret, poussée à la frénésie, ouvrit la fenêtre et cria jusqu'à ce que toute la pièce sonne de son désespoir.

"Aide!" elle a crié, "car mon bébé est en train de mourir."

M. Drayton était toujours debout, répétant la même phrase terrible, puis il riait.

Les secours se précipitaient vers elle sans qu'elle le sache. La petite forme serrée contre son cœur s'immobilisa soudain, et les ailes des anges balayèrent la pièce, ces anges qui viennent si souvent comme une bénédiction bien qu'ils terrorisent nos yeux aveuglés. Soudain, les yeux du bébé se sont ouverts — un joli sourire est apparu sur le visage rouge ; étendant les bras, elle dit avec ses mots enfantins entrecoupés : « Belle, mère, belle ! puis, détournant la tête, il partit avec eux.

Quatre personnes, consternées par le calme de la maison, firent leur entrée. Les appels à l'aide de Margaret avaient été entendus, mais ces cris avaient cessé depuis longtemps, le calme intense n'était toujours pas brisé, même par M. Drayton.

Quelque chose l'avait soumis. Même sur son cerveau malade, l'influence de cette présence effrayante se faisait sentir ; il s'accroupit dans un coin et se demanda pourquoi Margaret était si silencieuse et pourquoi elle ne parlait pas à l'enfant.

Ils l'ont trouvé accroupi. Jean et M. Stevens étaient les premiers, le cœur chaleureux de Jean plein de la plus profonde compassion ; Puis vinrent les deux médecins que M. Stevens avait amenés avec lui, dont l'un avait autrefois eu la charge de M. Drayton.

Margaret était encore insensible lorsqu'elle fut transportée en bas. Des mains bienveillantes s'occupaient de ses besoins, et lorsqu'elle se réveillait de cette inconscience prolongée, c'était pour rester immobile et ne jamais parler. Le choc avait été si épouvantable qu'il avait apparemment engourdi ses sens. Elle ne posait aucune question et ne parlait même pas de son bébé mort.

Elle acceptait passivement ce qu'on lui proposait, mais rien ne lui faisait changer d'expression. Ils l'emmenèrent dans des chambres gaies louées par M. Stevens pour elle et sa sœur. Grace, dont la santé semblait tellement meilleure maintenant qu'elle avait besoin de faire des efforts, était au désespoir.

"Est-ce qu'elle s'en remettra un jour ?" » demanda-t-elle avec angoisse à l'homme bon et intelligent qui lui rendait visite si régulièrement. « Est-ce que ma sœur me connaîtra à nouveau ?

"Je crois qu'elle le fera. Ce serait formidable si elle pouvait pleurer : un bon cri chaleureux pourrait faire beaucoup pour elle."

"Je ne sais pas comment la faire", dit Grace avec un accent de désespoir.

"Mais je le fais, madame", dit Jean. "J'ai coupé les cheveux de ce pauvre petit garçon et nous l'avons fait photographier. Je lui montrerai la photo, et ensuite les larmes couleront."

"Donnez-moi les cheveux", dit précipitamment le médecin, et il les sortit rapidement de la pièce avec lui.

Lors de leur prochaine rencontre, Grace lui a posé des questions à ce sujet.

"Pourquoi l'avez-vous emporté, docteur ?"

"Parce que le pauvre enfant est mort d'une scarlatine supprimée", répondit-il, "et je l'ai emmené pour le désinfecter."

"C'est un nouveau nom pour une mauvaise action", dit Jean.

"C'est tout à fait vrai : la gorge de l'enfant a montré de quoi il est mort", a-t-il déclaré.

— Il est mort par négligence, dit Jean avec obstination. "Comment cette pauvre jeune fille a-t-elle pu savoir comment s'y prendre ? Fièvre ou pas, cet homme est un homme au cœur cruel et ne l'approchera plus jamais."

— Vous dites une chose véridique en disant cela, dit le docteur à voix basse. "M. Drayton est mort ce matin."

"Non!" s'exclama Grace. "Il avait l'air d'un homme si fort la dernière fois que je l'ai vu", et elle frissonna, car depuis les jours où elle était tombée malade et avait exhorté Margaret à l'épouser pour ses propres fins égoïstes, elle ne l'avait jamais vu avec qui parler, sauf une fois. .

Jean se taisait. Il y avait un verset dans son cœur mais elle ne voulait pas le dire tout de suite.

"C'était un homme violent", a déclaré le médecin. "C'est assez effrayant de penser à ce pauvre enfant au pouvoir d'un tel homme. Il a eu une terrible crise de passion à l'asile : un vaisseau sanguin du cerveau a cédé, et tout a été fini en quelques minutes."

"Il y a tellement de choses que je ne peux pas comprendre", a déclaré Grace, qui a trop ressenti ces derniers jours pour en parler. " Margaret a sûrement dû consulter un médecin. Pourquoi n'est-il pas intervenu ? Il a dû voir que ce misérable homme était fou. "

" Ah, " dit le docteur en se levant et en ne choisissant pas de lui dire ce qu'il avait dit au docteur Jones, " les médecins ne sont pas toujours infaillibles. "

« Ce sont des créatures humaines, dit Jean, de pauvres mortels égarés.

Au docteur Jones, le grand homme de Londres parlait clairement, quoique avec une politesse très effrayante.

"Nous ne pouvons pas comprendre, monsieur, que vous n'ayez pas reconnu cet homme comme un fou dangereux, mais vous n'avez probablement pas eu beaucoup d'expérience de ce genre."

"Je commençais à être inquiet", balbutia le docteur Jones, apparu sur les lieux parce que l'homme qu'il avait envoyé là-bas l'avait prévenu qu'il y aurait probablement un meurtre et qu'il se retrouverait dans une situation délicate s'il n'intervenait pas. d'une manière ou d'une autre.

"L'étiez-vous?" » dit le docteur Plunkett, un Irlandais, avec tout le sens de l'amusement d'un Irlandais typique de la meilleure classe ; "l'étais-tu vraiment ? Tu commençais à penser que tu avais fait une erreur." Puis il ajouta d'un ton plus sérieux : "Docteur Jones, c'est une affaire très sérieuse."

"Je pense que c'est très grave."

« Qu'est-ce qui vous a poussé *à* ne pas voir que le malheureux était fou ?

« Comment savez-vous que j'étais déterminé, monsieur ? dit le docteur Jones avec inquiétude.

« Parce que Miss Rivers, en exposant le cas, m'a dit que vous aviez pris votre décision à l'avance !

« Je… je pensais que Mme Drayton était… eh bien, pas tout à fait directe.

"Cela n'a rien à voir avec cela. Si nous, médecins, devons juger de l'état d'un patient parce que nous aimons ou n'aimons pas ses relations, c'est la fin de tout", dit sévèrement le docteur Plunkett ; "Une affaire doit sûrement être jugée selon ses propres mérites ?"

"Bien sûr, monsieur, bien sûr. Ma femme, monsieur——"

Le docteur Plunkett le regarda avec étonnement.

« Vous ne voulez pas dire, monsieur, » dit-il d'un ton de mépris tranchant, « que vous permettez à votre *femme* de vous dicter un sujet dont elle ne peut rien savoir ?

Le docteur Jones se sentait complètement écrasé.

Lorsque le docteur Plunkett quittait la pièce, le malheureux petit homme s'approcha de lui et lui dit d'un ton de supplication abjecte :

" J'espère, monsieur, que si vous avez conçu une opinion défavorable sur moi dans cette affaire, vous... le ferez... peut-être, monsieur, vous n'en parlerez nulle part. Cela me ruinerait, monsieur, aux yeux de mon épouse."

"Monsieur", a déclaré M. Plunkett, "nous, médecins, sommes censés nous soutenir les uns les autres, mais un homme qui est soumis à sa femme n'a rien à faire pour être médecin, à mon avis." Il a ajouté : « Je pense qu'un homme picoré est une erreur dans l'existence. Je ne pense pas qu'il ait le moindre droit d'exister », et il a laissé le Dr Jones digérer ce discours du mieux qu'il pouvait.

Il faisait beaucoup plus chaud, même si le printemps n'était pas encore loin. Cette merveilleuse promesse d'une plénitude prochaine, qui est l'un des grands charmes du printemps, se faisait sentir, mais les jours n'étaient pas encore longs, et Grace, impatiente, et agité, il voulait que Margaret sache ce qui s'était passé ; elle souhaitait qu'elle sache qu'elle était libre.

Maintenant que M. Drayton était mort, la sœur qui avait été, pendant un certain temps, courbée par le remords, essaya de s'en débarrasser. Cela avait été terrible et la mort du petit, qui aurait peut-être pu être sauvé, était trop triste.

Mais maintenant que tout était fini, pourquoi Margaret ne ressusciterait-elle pas ? pourquoi ne pouvait-elle pas parler et rompre un silence qui devenait si terrible ?

Grace n'avait pas beaucoup plus de compréhension aujourd'hui qu'autrefois des profondeurs de la nature de sa sœur ; et elle ne savait pas dans son intégralité ce que Margaret avait souffert pendant ces mois d'angoisse et d'isolement.

Peut-être que la personne qui la comprenait le mieux était Jean, dont les sentiments profonds et chaleureux lui inculquaient de la sympathie.

Et Jean, à cette époque, était inestimable. Elle protégeait Margaret de toute intrusion, prenait soin d'elle, la soignait et priait pour elle ; et elle pensait parfois, tandis qu'elle se tenait à côté d'elle dans le calme de la nuit, quand, la tête baissée et les mains jointes, elle priait avec les vieilles paroles de la Bible qui lui étaient si familières et si étrangères à la pauvre fille prosternée, qu'il y avait un des larmes dans les yeux sombres et mi-clos, et elle avait de l'espoir.

Ils se trouvaient dans un endroit calme et la chambre de Margaret donnait sur un vaste jardin fleuri. Alors que les arbres commençaient à devenir verts, aucune des maisons environnantes n'était visible, et Grace avait l'habitude d'apporter toutes les fleurs préférées qu'elle savait que sa sœur aimait autrefois.

La fenêtre était ouverte, et comme Jean était assis près d'elle, occupé à tricoter, quelques oiseaux, habitués à être nourris, s'approchaient du rebord de la fenêtre et picoraient gaiement, quoique un peu dédaigneusement, la nourriture dont ils n'avaient plus besoin.

Un léger mouvement du lit la fit se retourner rapidement, et elle vit que les yeux de Margaret étaient plus complètement ouverts qu'ils ne l'étaient encore, et qu'elle la regardait curieusement et étrangement.

Jean, avec une de ses prières intérieures et ferventes, se dirigea vers le lit et déposa à sa portée et à sa vue les boucles d'or qu'elle avait chéries pour elle et la photographie du petit enfant, puis elle se détourna.

Avec la main la plus faible et un léger cri, Margaret prit ces objets et les passa entre ses doigts d'une manière incertaine et hésitante, puis elle regarda l'image...

L'enfant gisait dans ce repos plus calme, comme s'il était sur le point de se réveiller, des fleurs étaient autour de lui et sur son visage était le sourire avec lequel il l'avait laissée.

En un instant, Jean entendit le bruit bienvenu de larmes et d'un sanglot, et se levant doucement, elle ferma la fenêtre et quitta la pièce, sachant à ce moment-là que la solitude était la meilleure.

Marguerite fut sauvée : de jour en jour elle commençait à se ressaisir, ses paroles étaient encore des murmures du fond de sa faiblesse, mais elle commença à écouter, à remarquer et à répondre ; Pourtant, aux yeux impatients de Grace, les progrès étaient lents.

Ils lui ont annoncé la mort de M. Drayton, mais personne ne pouvait comprendre ses pensées à ce sujet. Grace inquiétait Jean à chaque heure et à chaque instant de la journée. "Ça semble si dur, Jean, maintenant tout est fini, pourquoi ne peut-elle plus être comme avant ?"

" Elle ne le sera jamais, mon enfant, " dit la vieille femme, " elle portera tous ses jours une cicatrice dans son cœur. Elle guérira, mais il y aura la marque. Une blessure pareille n'est pas une chose qui peut être complètement effacé. »

"Vous savez, je n'ai jamais vu le bébé", a déclaré Grace.

"Ce n'est pas seulement la perte du bébé, qui est douloureuse, mais le sentiment d'avoir péché, qui l'aide à se déprimer", a déclaré Jean ; " elle sent qu'elle a fait le mal pour que le bien arrive, et il nous est ordonné de ne pas faire cela. Et ses nerfs sont presque à bout. Vous ne réalisez pas, ma chère, tout ce que cette pauvre chose a souffert. Je tremble, moi, quand Je pense à elle, mois après mois, au pouvoir du pauvre fou. C'est affreux, Miss Grace, vous devez juste être patiente et prier pour elle aussi.

Les lettres de Mme Dorriman étaient désormais adressées à Margaret et ne furent montrées à personne.

Mais un jour, elle dit à Jean : « La prochaine fois que le médecin viendra, Jean, nous lui demanderons quand je pourrai aller en Ecosse », et la vieille femme était ravie, car elle était si loin de Mme Dorriman, et non un « visage de Kent » près d'elle, était une épreuve.

Un autre sujet qui étonna beaucoup Grace fut l'apparente désertion de Sir Albert Gerald et de M. Paul Lyons.

Sir Albert, ayant effectué la libération de la pauvre Margaret, était plein de remords parce que cette libération avait été si tardive, même s'il était conscient de ne pas avoir perdu de temps lorsqu'il avait bien compris la situation ; il pleurait encore la mort du pauvre enfant, dont la vie aurait pu être sauvée dans des circonstances ordinaires. Il comprenait Margaret mieux que la plupart de ceux qui l'entouraient, et il savait que si jamais, à l'avenir, il espérait la voir, il devait s'en tenir à l'écart maintenant.

Grace fut extrêmement étonnée lorsqu'elle reçut une lettre de lui – d'Espagne ; il la suppliait certes de lui écrire, mais son départ si loin était ennuyeux.

Puis M. Lyons, il n'est ni venu ni écrit, et dans l'ensemble Grace pensait maintenant, comme elle l'avait fait auparavant, que c'était toujours Margaret.

Il y avait néanmoins des consolations dans son sort actuel ; elle appréciait pleinement d'avoir la maîtrise de l'argent, et Mme Dorriman lui fournissait sans ménagement cet argent, à la demande de son frère.

Il n'était en aucun cas un homme qui rechignait à l'argent, et il faisait partie de ces hommes qui avaient la vague idée que la plupart des choses, même un cœur brisé, pouvaient être réparées par un chèque.

Il fut plus soulagé que quiconque par la mort de M. Drayton et horrifiait sa sœur en disant cela.

"C'est une chose terrible que tu dis, Anne ; maintenant j'appelle ça de la charabia ; à quoi bon faire semblant d'être affligé ?"

« Il aurait pu récupérer, » dit-elle doucement ; "et mon frère, je ne pense pas qu'il soit juste de se réjouir de la mort de quelqu'un."

"Qui a dit que je me réjouis ?"

"On dirait que c'est le cas."

"Eh bien, c'est un soulagement ; et dans ce monde si rarement, la bonne personne semble mourir..."

"Oh, chut !" » dit-elle, inexprimablement choquée et affligée.

"Anne, je sais que tu essaies d'être honnête, mais tu as une façon tordue de voir les choses."

"Je ne le pense pas, et," ajouta-t-elle en reprenant un peu d'entrain, "vous n'avez pas le droit de le dire; et le sujet m'est si terriblement pénible, que j'ai pensé qu'il le serait également pour vous."

"Vous ne comprenez pas la question", dit-il avec un peu de son ancienne violence. "Je suis prêt à me détruire quand je pense avoir donné à cet homme l'occasion de revoir la pauvre Margaret, et maintenant qu'il est parti, je ne peux pas prétendre le regretter. Sa mort a mis fin à une terrible complication."

"Je ne peux pas suivre votre façon de penser", a déclaré Mme Dorriman, sentant que cela ne sonnait pas bien.

"Eh bien, vous feriez mieux de me quitter tout de suite, et quand vous aurez bien démêlé vos idées, nous pourrons reprendre le sujet. Je n'ai jamais connu un cerveau comme le vôtre, il semble généralement être dans un état de confusion désespérée à propos de tout." Ce discours élogieux l'a presque fait pleurer et elle s'est précipitée hors de la pièce pour être immédiatement rappelée.

« Je suis une brute et tu dois me pardonner, Anne, dit-il ; "et il y a autre chose dont je veux te parler."

Sa voix lui parut étrange et, en le regardant, elle vit qu'il était agité.

"Ne dis rien pour l'instant qui puisse t'affliger ou t'inquiéter, mon frère," dit-elle rapidement.

Il ne fit pas attention à elle, il frappa la table devant lui avec un énorme coupe-papier, puis il dit d'un ton étrange :

« Que disiez-vous aujourd'hui de la venue de Margaret en Écosse ?

"Le docteur veut qu'elle prenne l'air marin et l'air écossais, elle souhaite venir."

"Ici?"

"Non, pas ici. Quelque part (elle ne se soucie pas de savoir où) elle n'a jamais vu. Quelque part, sans qu'aucun souvenir ne s'y accroche.

"Lornbay?"

"Elle est allée là-bas. Non ! Pas Lornbay."

"Comment s'en sortirait Inchbrae ?" » demanda son frère en observant son visage de près.

Ses couleurs allaient et venaient, puis ses yeux se remplissaient de larmes.

"Hélas ! c'est hors de question."

"Vraiment ?" Il semblait parler avec un soudain sentiment de difficulté.

« Anne, » dit-il enfin, « n'avez-vous vraiment jamais deviné, jamais pensé qu'Inchbrae ne pourrait pas être vendu ? Connaissez-vous si peu les affaires commerciales que vous ne savez pas que sans votre consentement, sans beaucoup de formalités, le cet endroit, qui est votre logement, ne pourrait pas être vendu ? »

"Pas vendu ! et l'endroit est vraiment à moi ?" dit la pauvre femme, naturellement plus découragée que jamais.

"Oui, c'est le vôtre," dit-il, essayant de cacher son sentiment de honte en parlant avec insouciance. Ses sentiments envers sa sœur étaient tellement modifiés maintenant, que repenser à la brutalité et à la rudesse avec lesquelles il avait façonné son destin lui causait un pincement auquel il n'aurait jamais cru autrefois. Et il y avait autre chose, il y avait une page de son histoire qui le hantait souvent maintenant. Même le fardeau de le savoir ne pouvait être que douloureux pour lui, et la douleur devenait chaque jour de plus en plus intolérable.

Mme Dorriman était essentiellement une femme qui n'avait pas confiance en elle, elle hésitait même sur les petites choses et avait tellement peur de la présomption et d'autres péchés qu'elle disait parfois ce qu'elle sentait juste, poussée par une franchise et un amour sincère de la vérité. de le dire brusquement, et après avoir fait cela, elle se repentit de son acuité avec une humilité excessive et s'excusa d'être obligée de dire ce qu'elle pensait.

Mais vivre dans la compagnie perpétuelle d'une femme si altruiste et si étrangère au monde, une femme dont la candeur et la transparence étaient celles d'un enfant, était une expérience qui s'avérait sensible même aux perceptions brutales de M. Sandford.

Il avait appris à l'apprécier, et tout comme il savait qu'elle était devenue beaucoup pour lui, il devait s'abaisser probablement pour toujours à ses yeux.

Mme Dorriman était à ce moment perturbée, affligée et excitée au-delà de toute conception. Avoir été péremptoirement enlevée à sa propre maison et à son peuple... avoir été trompée ! Puis vint rapidement le souvenir qu'elle avait été amenée à altérer la mémoire de son mari. Des pensées la pressaient qui lui étaient presque intolérables, et elle quitta la pièce pour se rendre dans la sienne, où elle essaya de mettre de l'ordre dans ses pensées.

Pourquoi son frère avait-il fait ça ? Ce n'était pas à cette époque qu'il se souciait d'elle, car elle savait bien qu'en ces jours (qui lui semblaient maintenant si lointains) il ne se souciait que très peu d'elle.

Pauvre femme! sa nouvelle affection pour lui semblait soudainement balayée tant il pouvait lui faire de tromperies.

C'était si cruel de la laisser tout cela en accusant son mari ; et jusqu'à récemment, lorsqu'il avait dit qu'il avait « pris soin » d'elle, elle n'avait vu que de la méchanceté dans la manière dont elle était restée dépendante.

Une illumination soudaine lui vint comme un éclair ; les papiers qu'elle avait conservés étaient d'une réelle importance et ouvraient l'histoire du passé de son frère. Elle y avait, comme nous le savons, plus d'une fois pensé à cela, ou plutôt y avait presque pensé, et repoussait ce sentiment avec une sorte de terreur.

Pour être sûr qu'elle n'avait pas d'armes avec lesquelles le frapper, il avait démoli sa maison – pour l'avoir près de lui et surveiller ses actions.

Elle se leva brusquement de sa chaise : elle suffoquait sous la pression de son esprit. Comment pourrait-elle lui pardonner ? Elle marchait rapidement de long en large dans sa chambre, les mains étroitement jointes ; puis elle dit à haute voix : « Mon mari, pardonne-moi », puis elle pleura, la pauvre, jusqu'à s'épuiser.

Le crépuscule arriva ; les usines, si sombres le jour, brillaient de leurs myriades de lumières.

Mme Dorriman ne pouvait pas descendre ; elle ne pouvait pas encore pardonner. Elle s'est fait envoyer de la nourriture, puis s'est préparée à aller se coucher.

Prenant machinalement sa Bible, elle lisait et ne remarquait rien de ce qu'elle voyait ; elle la referma et essaya de dire ses prières. N'y avait-il pas quelque chose sur le pardon des offenses qu'elle disait deux fois par jour ?

Il y a eu une grave lutte mentale, et il faisait noir quand elle s'est terminée. Elle se dirigea lentement vers la chambre de son frère. Il était réveillé.

« Frère, dit-elle en s'approchant de lui et en lui posant la main, je viens lui dire que je pardonne !

CHAPITRE III.

Rien ne pouvait dépasser la déception de Grace lorsqu'elle découvrit que, même si Margaret se ressaisissait, se levait, bougeait, sortait et semblait à tous égards être elle-même en ce qui concerne sa santé physique, elle restait grave, calme et apparemment indifférente à les différents plans et arrangements proposés par sa sœur.

Grace a commencé à comprendre ce pour quoi nous vivons pour la plupart d'entre nous, à savoir que quelque chose que nous désirons – peut-être indûment – nous est donné d'une manière qui nous fait souvent regretter le temps et les pensées que nous y avons perdus.

Depuis qu'elle était en âge de souhaiter quoi que ce soit, elle souhaitait être à Londres ou à proximité pour voir et être vue. D'abord, elle avait été elle-même très malade, et maintenant, voici Margaret, veuve et sans enfant, et ses rêves devaient également disparaître. Au début, elle avait été remplie de remords, puis elle était un peu lasse d'essayer de sympathiser, sachant que ce n'était qu'essayer, maintenant elle était très impatiente.

Margaret avait beaucoup d'argent, pourquoi ne pouvait-elle pas conduire un peu, ou faire autre chose que arpenter ce petit jardin ennuyeux, lire des livres ennuyeux et aller dans une petite tombe ?

Sa joie peut être conçue lorsqu'on demanda un jour à Margaret si elle verrait Lady Lyons. C'était en tout cas quelqu'un qui n'était ni médecin ni infirmier.

Lady Lyons, peu habituée à autre chose qu'une amitié générale de la part de ses amis, parce qu'elle était un peu sourde et pas peu ennuyeuse, fut immensément flattée par les excuses que Grace faisait pour Margaret et par le plaisir évident de sa visite ; sa seule réflexion peu flatteuse était qu'elle pensait que cette satisfaction ouverte n'avait rien à voir avec son fils et les progrès qu'il aurait pu faire dans cette direction.

Margaret avait été son désir auparavant, alors que son héritage n'était que problématique. Imaginez quels étaient ses souhaits maintenant, alors que tout le monde savait que Margaret était une veuve très riche.

Elle s'efforçait de rencontrer Grace avec une amitié qui ne l'engageait à rien, et elle parlait de Margaret, et toujours de Margaret. Était-elle surmontée de la mort triste, pourrait-elle dire, mystérieuse de l'enfant ?

"Il n'y avait rien de très mystérieux là-dedans. Elle est morte d'une scarlatine supprimée, la pauvre petite. Je ne l'ai jamais vue. Non, Margaret ne s'en remet pas. Elle ne sourit jamais et la nuit, elle pleure souvent. Lady Lyons, je m'en remets. j'aimerais qu'elle s'en remette ; je trouve cela si terriblement ennuyeux. "

"J'ose le dire", a déclaré Lady Lyons, sans aucune manifestation de sympathie.

"Jour après jour, pas une âme, sauf le docteur, et il est toujours trop pressé d'être agréable", et Grace poussa un long soupir. "Quand j'ai entendu votre nom, c'était une telle aubaine. Savez-vous que je n'ai absolument parlé à personne depuis des jours et des jours, à l'exception de Margaret et de cette vieille Écossaise, qui est complètement folle de sujets religieux."

"Mais vous avez le confort d'être avec votre sœur", dit Lady Lyons, un peu raide.

"Elle ne veut pas du tout de moi", dit Grace avec empressement, un plan se développant tout à coup dans son cerveau fertile; "Pas du tout. Non, Lady Lyons, ce que je veux faire c'est... Combien de temps dois-je porter ça ?" dit-elle en touchant soudain le crêpe de sa robe.

"Oh, Miss Rivers ! Le fait que vous soyez écossais fait une telle différence ; en Angleterre, le deuil est de moins en moins usé comme autrefois, et maintenant les gens se mettent au kilting du crêpe, cela enlève d'une manière ou d'une autre sa noirceur. En Ecosse, vous auriez pour le porter des mois et des mois, et comme vous êtes écossais… »

« Je ne suis écossaise que d'un côté de ma maison, s'écria Grace, et je n'ai pas l'intention de m'enfermer pendant des mois et des mois. Non, Lady Lyons, j'ai un plan, mais je ne vois pas l'utilité de le dire. à vous, si vous pensez que je vais m'habiller comme un muet lors d'un enterrement.

« Je suis sûre que je ne souhaite pas entendre votre projet, » dit Lady Lyons, irritée par les manières de Grace et par ses paroles, « je suis venue rendre visite à votre sœur ; aurez-vous la bonté de dire qu'un sincère chagrin pour *elle* a fait je laisse de côté mes habitudes invalides et je sors.

"S'il vous plaît, ne partez pas", dit Grace, "et pour l'amour de Dieu, ne parlez pas d'être invalide. Je n'ai plus un poumon, dit-on, ou seulement un tout petit peu, et je ne serai pas malade." ou quoi que ce soit. Maintenant, je vais vous dire ce que j'ai l'intention de faire. J'ai l'intention d'aller à Londres, de payer beaucoup d'argent à une grande dame et de sortir avec elle dès que je le peux décemment.

"Ma chère Miss Rivers, aucune très grande dame ne voudrait faire cela ; ils ne veulent rien de ce que vous puissiez leur donner."

"Eh bien, un plus petit doit faire l'affaire", dit Grace calmement; "mais elle doit connaître tout le monde, des tas de gens et tout ça - elle doit être dans la nage, tu sais."

"Mais je ne sais pas", a déclaré Lady Lyons. "Dans la nage ! Que veux-tu dire ? Je n'en ai pas la moindre idée."

"Oh, Paul le saura."

(On en était déjà arrivé là : elle l'appelait Paul ! Lady Lyons était extrêmement mécontente.)

« Mon fils, que vous appelez Paul, dit-elle avec raideur, que peut-il faire ? Il est jeune.

"Oh, il connaît un peu le monde bien qu'il soit jeune ; bien sûr, je l'appelle Paul."

"Il connaît le monde", dit la mère irritée, "j'espère qu'il connaît trop bien le monde pour être la victime de quelqu'un qui n'est pas... dans une position que j'aimerais."

" Vous vous trompez complètement, chère Lady Lyons ; être un homme du monde et connaître un peu le monde sont deux choses très différentes, et personne ne peut appeler Paul un homme, il est si très jeune ; c'est ce que j'ai dit. Je ne lui ai parlé que l'autre jour. Et à propos d'une situation que vous souhaiteriez, vous voulez dire que votre fils doit se marier pour de l'argent. Maintenant, j'ai une trop bonne opinion de Paul pour le croire, et aucune personne digne de ce nom ne choisira de plaire uniquement au sien. mère."

"Je ne suis pas habituée à entendre des sentiments aussi... peu féminins", et Lady Lyons, en colère, se leva pour partir.

« Il est très bon pour chacun d'entendre plusieurs points de vue sur une question, » dit Grace en se levant également ; « J'espère ne pas vous avoir offensé, Lady Lyons ; mais vous savez que je fais partie de ces personnes qui ne peuvent s'empêcher de dire la vérité en toutes occasions, et plus particulièrement quand cela m'arrange », se dit-elle.

« Vous ne m'avez pas du tout offensé, » répondit Lady Lyons, très ébranlée ; "l'opinion d'une jeune dame qui ne connaît pas le monde n'a pas autant de poids qu'on le croit."

"Maintenant, tu veux être désagréable", dit Grace en riant, "et tu n'as pas besoin d'essayer. Quand j'étais dans une mauvaise passe à l'école, ce qui était très rare, les bonnes gens ne savaient pas quoi faire, parce que je ne me grondais jamais. un peu d'esprit, et les paroles dures ne m'ont jamais frappé, alors vous voyez, je suis un personnage désespéré - mais pour Margaret, peut-être, personne ne me parlerait jamais. Elle est très différente.

"Oui, elle est très différente. Je pense qu'elle doit être curieusement différente. Ne la vexez-vous jamais, Miss Rivers ? N'avez-vous jamais blessé sa sensibilité ?"

Les couleurs vives, voire les larmes, apparurent soudainement dans les yeux habituellement sans larmes de Grace. Elle s'efforça de les cacher, mais Lady Lyons les vit et ils la firent un peu fondre. "Ah!" elle a dit : "Oui. Eh bien, une affection sincère et chaleureuse pour votre sœur peut faire ressortir vos qualités."

"Merci", dit Grace modestement, retrouvant rapidement son moral habituel. Et quand Lady Lyons s'en alla, elle emportait avec elle une impression très confuse de la jeune fille qui s'était moquée d'elle à un moment donné et qui avait fait preuve de très mauvais goût en parlant de Paul avec tant de familiarité, et qui, le moment suivant, trahissait un sentiment très profond pour sa sœur. .

Lady Lyons était l'une des nombreuses personnes au monde qui oublient que, bien que l'influence de la civilisation ait un effet niveleur, se cachent en dessous de nombreuses variétés de caractère, et que le plus ordinaire est un caractère complexe, ni entièrement bon ni entièrement mauvais, mais participant des deux.

D'une manière différente, il y avait une autre personne qui avait d'abord exprimé toute sa sympathie pour la désolation de Margaret, et pourtant qui sentait aussi maintenant qu'elle devenait morbide dans son chagrin et qui souhaitait la voir s'en sortir.

C'était Jean.

Avec toute la profondeur d'une nature à la fois intense et passionnée, elle avait ressenti pour elle la mort du petit enfant, comme elle avait ressenti toutes les horreurs qu'elle avait vécues.

Mais maintenant, elle voyait que Margaret soignait et assumait son chagrin, et elle avait hâte de la sevrer de sa perpétuelle contemplation, consciente, par le bel instinct naturel qui lui appartenait, que si l'habitude de la solitude, du deuil et du rétrécissement de toute camaraderie, une fois formé, il serait bien plus difficile d'en sortir par la suite.

Les visites à la petite tombe, où chaque fleur était déposée et arrosée de larmes, doivent servir à tourner ses pensées vers les enfants vivants qui ont grand besoin d'une part de sa sympathie et de son aide.

La Bible à la main et une prière chaleureuse dans le cœur, la vieille femme fidèle accompagnait Marguerite, comme elle l'avait souvent fait auparavant, jusqu'au petit coin où la pauvre jeune mère pleurait et méditait, se rappelant chaque mot brisé, si bien que qui lui est chère, et se perd dans le souvenir affectueux de son chéri perdu.

"Mon enfant," dit Jean, lorsque les fleurs fraîches furent déposées et que Margaret se tenait comme une ombre frêle dans ses longues robes noires, "as-tu déjà pensé à combien d'argent tu as maintenant entre les mains à dépenser ?"

"Oh ! n'en parlez pas ici", dit Margaret choquée et affligée.

"Pourquoi n'en parlerais-je pas ici ?" dit Jean avec vigueur ; "C'est ici que je veux te montrer que tu devrais en faire quelque chose."

"Je ne le réclamerai jamais, je ne le dépenserai jamais !" s'écria Margaret en enroulant ses fins doigts blancs autour de la petite croix de marbre près d'elle.

"Mais il faut faire les deux", dit Jean avec insistance. "Vous devez réclamer l'argent et le dépenser. Vous devez le dépenser, ma chère, pour la gloire de Dieu et pour apporter de l'aide."

"Comment ? Dites-moi, comment puis-je ?"

" Vous ne le pourrez jamais, si vous ne regardez pas plus loin que quelques pieds de gazon vert et ne laissez rien d'autre remplir votre esprit. Regardez autour de vous, mon enfant ; voyez où les autres souffrent. Vous pleurez le plus parce que vous pensez que si de l'aide était venu, votre enfant aurait pu vivre.

"C'est possible", murmura Margaret d'une voix étouffée.

"Et si vous pensez cela, il y a des centaines et des milliers d'enfants qui meurent parce qu'ils ne peuvent pas obtenir l'aide que vous pourriez leur apporter, alors qu'ils en ont les moyens."

« Que veux-tu dire, Jean ? et Margaret fut momentanément plongée dans un oubli.

"Oh, mon enfant ! tu n'as qu'à te promener dans les rues de la Grande Babylone et voir les pauvres petites choses ; mais sors des rues, va dans les chemins ; laisse les routes tranquilles et vois par toi-même. Quand j'ai perdu mon Ainsi, le jour où j'ai apporté une lettre de votre part à la banque, j'ai vu un spectacle qui m'a fait mal au cœur et, en voyant toute la saleté et la misère, je me suis réconforté et j'ai dit : « Ma jeune dame est riche et elle fera quelque chose pour ces petits.'"

"Mais tout ce que je pourrais faire ne serait qu'une goutte d'eau dans l'océan."

"Et l'océan n'est-il pas composé de gouttes ? Nous ne pouvons tous faire que peu, mais ne devons-nous pas voir que nous faisons si peu ?"

"Comment puis-je commencer ?"

"Je suis un pauvre corps ignorant, mais j'irais chez un médecin et je lui dirais : 'Je ne veux pas de cet argent, mais je veux aider les enfants, pour le bien d'un petit enfant que j'ai aimé et que j'ai moi-même perdu."

Les larmes de Margaret coulaient, mais ce n'étaient pas des larmes d'amertume. Jean avait touché une corde sensible. Avec la possibilité de faire quelque chose, une incitation à l'action donnée, est apparue une lueur de sentiment plus chaleureux pour l'humanité. L'égoïsme de son chagrin diminua et, tandis qu'elle s'agenouillait de nouveau en prière près de la tombe couverte de fleurs, elle ne pria pas seulement pour elle-même, pour cette rencontre qu'elle désirait tant, mais elle pria aussi pour les autres et se leva remplie de joie. avec l'espoir sincère qu'elle puisse leur être un réconfort et une aide à l'avenir.

Elle marchait tranquillement et silencieusement aux côtés de Jean. Plus rien ne se passa entre eux ; mais quand ils furent rentrés chez elle, elle s'arrêta dans le couloir, et, passant ses bras autour des larges épaules de Jean, elle l'embrassa chaleureusement.

Pleine de sa nouvelle détermination, l'humeur de Grace ne choqua pas peu Margaret ; mais elle voulait honnêtement essayer de faire preuve de moins d'égoïsme. Elle s'était avoué qu'elle était égoïste, et elle essayait courageusement de concentrer toute son attention sur le récit enthousiaste de sa sœur sur un sujet non moins important qu'une robe de velours marron, qui avait complètement pris possession de son imagination.

"Combien de temps veux-tu que je porte ça, chérie ?" » demanda-t-elle d'un air comme si, si répugnant qu'elle fût à ses propres sentiments, elle fût prête à faire un sacrifice pour le compte de sa sœur.

Il y a quelques heures, à peine quelques heures, à quel point la pauvre Margaret aurait-elle reculé devant une telle question ? C'est maintenant en touchant affectueusement l'épaule de Grace qu'elle dit doucement :

"J'ai été égoïste, ma chérie. Je m'attendais à ce que tu pleures avec moi ; tu n'as aucun souvenir de mon enfant. Non, ne porte pas l'apparence d'un chagrin que tu ne peux pas ressentir."

"Tu es chérie, Margaret. Alors je pourrais avoir le velours ?"

"Est-ce que c'est très cher ?" » demanda Margaret, s'efforçant d'entrer pleinement dans les intérêts du moment avec Grace.

"Ce n'est pas à *vous* de me le donner", dit Grace, alors qu'elle tournoyait dans la pièce, enchantée par ce premier grand succès de sa résolution nouvellement formée.

Margaret la regarda avec surprise.

"Vous parlez comme si vous vous attendiez à ce que j'utilise... son argent pour vous et pour moi-même."

"Mon Dieu, Margaret, tu ne vas sûrement pas être ridicule avec ça ! Et je voulais que tu fasses tellement de choses pour moi. J'avais décidé d'aller à Londres et d'avoir de belles choses ; tu es dommage !" et Grace, dont les espoirs furent si brusquement anéantis, éclata en sanglots.

Margaret était infiniment peinée. Outre qu'elle éprouvait des sentiments pour Grace, elle était pourtant consciente d'une perpétuelle déception liée à son personnage qui semblait la glacer. Et c'était très merveilleux, pensa-t-elle, parce que Grace avait été très malade et proche des portes de la vie éternelle, et une telle maladie devait être, d'une certaine manière, comme une grande tristesse, et devait sûrement avoir rendu les vanités insignifiantes de la vie. semble en effet trivial. Mais, comme elle parlait de richesse, elle devait lui faire comprendre qu'elle ne pouvait utiliser aucun de *son* argent, sauf d'une manière ou d'une autre pour aider ceux qui en avaient besoin.

"Grace," dit-elle en s'asseyant et en attirant sa sœur vers elle, "je veux que tu m'écoutes et je souhaite que tu comprennes."

"Je n'écouterai pas", répondit Grace, sanglotant toujours violemment, "si vous voulez être horrible. Vous ne pouvez pas imaginer ma déception ! Je pensais, une fois que vous iriez mieux et... j'ai oublié, que tout irait bien à nouveau, et que je devrais faire ce que je veux et aller où je veux, et tout ça, et comment le pourrais-je si vous ne me donnez pas d'argent ?

"Rien ne m'incitera à dépenser l'argent de mon mari pour moi ou pour vous, Grace. Vous ne connaissez pas mes sentiments à ce sujet. J'ai péché en l'épousant, et je perpétuerais le péché si je dépensais sa richesse pour moi et la mienne. ... Je ne peux pas revivre ce que j'ai fait autrefois, et maintenant que je vois tout plus clairement, je ne peux pas agir contre ma conviction.

"Alors à quoi sert de te sacrifier ?" demanda Grace d'un ton où se mêlaient la colère et le mépris ; " Vraiment, Margaret, vous êtes si hautaine et si ridicule ! Bien sûr, en prenant les choses de cette façon, on ne s'attendrait pas à ce que vous recommenciez la chose. Je ne devrais jamais rêver de vous le demander, mais, après l'avoir fait, qu'est-ce que c'est ? " est-ce que ça sert à rien d'en défaire tout le bien ?

"Le bien ! Oh, Grace, n'en parle pas ; cela me serre au cœur, ma chère, que toi, ma propre sœur, ne puisses pas mieux me comprendre, que tu ne puisses pas voir que le mal, et non le bien, est venu de moi. il!"

"Bien sûr," dit Grace en séchant ses yeux, "la mort de ce pauvre petit enfant est un mal pour toi, et je t'assure que chaque fois que j'y pense, je pourrais pleurer. Ne pense pas, parce que je ne veux pas porter de noir. , que je ne suis pas aussi désolé que je peux l'être : mais maintenant que cet homme terrible est mort, pourquoi ne te sentirais-tu plus à l'aise ?

Margaret sauta de son siège et se plaça en face de sa sœur ; son visage était illuminé d'une sorte de tristesse et de regret passionnés.

" Ne comprenez-vous pas quelque chose, un peu ce que je ressens ? Savez-vous, Grace, que lorsque cette petite vie m'a été donnée, je pensais que rien n'avait de sens. J'ai négligé ce pauvre et malheureux homme ; je me suis éloigné de lui ; j'ai évité lui ; je n'ai vécu que pour mon enfant. Puis, quand la fin est arrivée, et que j'ai dû rester là et le voir mourir – mourir parce que l'aide apportée à beaucoup d'autres enfants lui avait été refusée ; idole, et que dans tous les détails j'avais échoué envers l'homme à qui j'avais juré..."

"Mais comment as-tu pu le faire alors qu'il était en colère ?" » demanda Grace ; "c'était tout à fait impossible."

"Je me suis aussi dit cela, Grace, mais je savais que lorsque je me tenais à ses côtés et que je prononçais ces terribles vœux - des vœux que je n'avais jamais réalisés avant de les entendre lentement et solennellement prononcés devant l'autel de Dieu - Oh, Grace, tu es très chère à moi. moi, mais, quand tu parles de mon sacrifice jeté, je pense à la vie de mon enfant sacrifiée. Oh, Grace, ne vois-tu pas que j'ai péché. Comment puis-je m'attendre à ce que des filles prennent si inconsidérément ces choses horribles ? sur eux-mêmes, disent ces mots, et pourtant ne les pensent pas : et pourtant je l'ai fait !

"Mais tu l'as fait pour moi, chérie – pour moi – et cela semble différent. Tu ne l'as pas fait pour toi-même."

"Dieu sait que je ne l'ai pas fait", dit la pauvre Margaret, sur le cadre fragile et délicat de laquelle cette scène agissait fébrilement. "Mais je l'ai fait. Nous n'avons pas besoin d'en discuter , ma chère ; nous n'avons plus besoin d'en discuter, nous ne devrions jamais y penser de la même manière ! Nous sommes différents, ma chère, et nous voyons les choses différemment - très très différemment."

"Alors vous êtes bien... bien décidé à rester pauvre toute votre vie et à laisser ces choses vous échapper ?" demanda Grace d'un ton tragique.

"Je n'utiliserai cet argent," dit fermement Margaret, "ni pour vous ni pour moi."

"C'est trop dur", et Grace fondit à nouveau en larmes.

Margaret se rassit. Elle n'était pas encore très forte et elle ressentait tout cela avec cruauté. Elle laissa Grace tranquille pendant quelques instants, puis elle dit :

"Si je savais exactement ce que tu voulais, Grace, je pourrais voir si cela ne pouvait pas être fait d'une autre manière."

Sa voix était froide, avec toute sa tendresse et sa gentillesse. Elle était profondément blessée par l'incapacité totale de sa sœur à comprendre quelque chose du passé.

"Maintenant, tu es en colère, Margaret, et c'est un peu déraisonnable de ta part. Parce que tu en as fini avec ta vie et que tu ne peux plus penser à des choses agréables, pourquoi ne puis-je pas regarder vers l'avant ?"

Marguerite commença. En avait-elle fini avec sa vie ? Elle n'avait pas encore vingt ans ; Est-ce que tout était vraiment fini pour elle ? En ce qui concerne le mariage ou l'amour, il y avait bien sûr une fin ; mais à sa manière, elle entendait remplir sa vie de bonheur, même si un nuage de regret devait toujours en atténuer l'éclat. Tout son être avait soif de quelque chose qui lui donnerait une vie bien remplie : un intérêt pour quelque chose. Tout le côté poétique de sa nature recommençait à l'exciter. Le monde contenait beaucoup de choses tristes, mais il y avait encore des profondeurs insondées dont elle avait vaguement conscience, et tant qu'elle ne les connaîtrait pas, elle ne proclamerait pas que tout était fini pour elle, même ici. L'éclat de la santé retrouvée, la beauté du midi de l'été, commençaient à affirmer des influences qu'elle ne pouvait totalement ignorer. De même que l'amour confère aux attributs personnels les plus simples un charme indéfini, de même la poésie, dans son sens le plus élevé, le plus large et le plus large, jette un halo sur les phases banales de l'existence, touche tout d'une lumière dorée et le rend beau.

Rien n'était plus curieux que les pensées rapides qui portaient l'une des sœurs au-delà du présent, et la concentration de l'autre sur un sujet aussi essentiellement banal qu'une robe de velours marron, car Grace considérait cela comme l'une de ses prétentions au mérite d'être avait une ténacité dans ses objectifs - laquelle ténacité, si elle était appliquée à des objectifs plus élevés, aurait pu mériter des éloges.

Elle observait attentivement le visage de Margaret et la ramena très vite aux affaires du monde par son anxiété de savoir comment Margaret se proposait d'arranger les choses.

"Que penses-tu faire?" » demanda-t-elle avec impatience ; "Et si vous voulez arranger les choses, ne pouvez-vous pas aussi arranger mes vêtements ?"

Elle se pencha en avant tout en parlant et observa attentivement le visage de sa sœur.

"Grace, c'est très stupide de ma part d'oublier que toi et moi avons toujours pensé différemment à propos de la tenue vestimentaire et d'autres choses. Bien sûr, si j'arrive à réaliser mon plan, tu dois avoir des vêtements et d'autres choses ; si je peux l'arranger. tout cela, je vais l'arranger très confortablement pour vous ; mais vous devez être patient, ma chère.

"Je déteste le conditionnel", dit Grace, puis, alors qu'elle s'éclairait un peu, elle dit joyeusement : "Je crois que tu y arriveras, et tu es vraiment une grande chérie."

" Il y a encore une chose, une mise en garde que je veux te donner, Grace. Feras-tu attention à ta santé ? Tu te portes merveilleusement bien en ce moment, mais tu sais toi-même, ma chère, combien tu es délicate. Si tu n'y prends pas garde. tu seras à nouveau dans une chambre de malade.

"Oh ! s'il te plaît, ne croasse pas et ne sois pas horrible maintenant, tu commences tout juste à être à nouveau plus gentil."

"Pauvre Grâce !" dit Margaret avec un petit soupir.

Elle se rendit dans sa chambre et, approchant sa chaise de la fenêtre, s'assit pour réfléchir au plan qu'elle avait fait. Elle était résolue à n'avoir de dette envers personne. Si sa sœur allait à Londres, l'argent nécessaire ne devrait provenir que d'elle-même.

Elle ouvrit sa boîte d'expédition et parcourut ses papiers. Elle voulait connaître l'adresse de l'éditeur qui avait exprimé de manière si substantielle son appréciation pour ses écrits.

Elle a regardé en vain. Elle ne pouvait le trouver nulle part. Puis elle se souvint que Sir Albert Gerald avait pris toutes les dispositions pour elle et qu'elle avait correspondu par son intermédiaire.

Elle n'hésitait pas à lui écrire puisqu'il était désormais un ami et seulement un ami. La tragédie de la mort de son enfant avait effacé le souvenir de ce qui avait été, et elle avait traversé tant d'épreuves, elle était tellement changée, qu'elle n'a jamais douté un seul instant que le changement serait égal à son égard. Sa lettre était directe, simple et libre de toute allusion à son chagrin. Elle a dit qu'elle souhaitait être mise en communication directe avec le sympathique éditeur, puis elle a ajouté : « Je veux gagner de l'argent. Cela peut vous surprendre, car je crois que je suis censé être très riche, mais je pense que vous comprendrez que l'argent doit arriver d'une manière acceptable ou être rejeté. Je n'ai pas l'intention d'utiliser l'argent qui m'a été laissé pour moi-même et je veux, si possible, ne le devoir à personne d'autre qu'à moi-même.

Puis elle attendit patiemment.

Dans ses lettres à Mme Dorriman, elle a décrit en détail ses propres projets. "Je souhaite commencer certaines choses, voir et juger par moi-même, et utiliser l'argent qui m'est parvenu pour aider les petits enfants et d'autres. Quand j'aurai tout arrangé, puis-je venir vers vous et vers oncle Sandford. Je Je ne serai pas très pauvre parce que je crois que j'ai le pouvoir de gagner de l'argent. Je l'ai déjà fait, mais Grace ne peut pas aller en Écosse. Dès que je pourrai lui arranger cela, elle va à Londres pour y rester. quelqu'un, en tout cas, pour un temps.

Mme Dorriman a lu cette lettre avec la plus intense satisfaction.

Margaret lui était devenue très chère et, dans sa lettre, elle donnait à M. Sandford le nom qu'il avait toujours souhaité entendre d'elle. Le fait qu'elle ait proposé de revenir devait lui montrer à quel point elle lui avait pardonné.

Depuis cette merveilleuse révélation sur Inchbrae, les manières de Mme Dorriman envers son frère avaient été à la fois tendres et affectueuses. Elle essayait de prouver que son pardon était complet, et elle ne comprenait pas pourquoi, maintenant que ce fardeau n'était plus dans son esprit, il faisait encore là allusion à un poids.

Souvent, quand il entrait et qu'elle se levait pour le saluer, elle le surprenait en train de la regarder comme s'il y avait encore quelque chose entre eux, et ce sentiment d'impuissance de ne pas pouvoir comprendre pleinement la pressait à nouveau.

Il entra un jour, l'air fatigué, et elle vit qu'il s'enfonçait avec lassitude dans son fauteuil.

Le thé était là, elle lui en donna et fit une de ces remarques triviales que les gens ont tendance à faire quand les pensées vagabondes sont à l'ordre du jour.

"Anne, je ne pense pas que Margaret voudra venir ici," dit-il soudainement, "et tu le penses aussi."

Le visage délicat de Mme Dorriman rougit un peu. "Margaret propose de venir", dit-elle après une petite pause.

"Je trouve que les affaires me fatiguent de plus en plus", dit-il, comme cela lui semblait hors de propos.

"Je suis désolée," répondit-elle en regardant dans sa direction avec un peu d'anxiété.

"Pourquoi n'irions-nous pas tous chez vous", a-t-il demandé, comme pour poser la question la plus claire et la plus simple du monde.

"À Inchbrae ! Oh, mon frère !" Cette suggestion soudaine la remplit d'un bonheur si intense qu'elle ne put aller plus loin.

"Je veux que Margaret se rétablisse et j'ai l'intention de démissionner de mon poste de président et d'autres choses. J'abandonnerai mes affaires. Je veux... du repos."

Ses manières l'alarmaient, mais elle essayait de se ressaisir et d'accepter tranquillement ce nouveau tournant dans ses affaires, et de ne pas lui laisser voir à quel point cela l'affectait intensément.

Elle a maîtrisé son émotion et a parlé d'un ton neutre : "Ce sera un long voyage pour Margaret et pour la pauvre Jean."

" J'y ai pensé. Lorsque Margaret a refusé d'accepter l'arrangement que Drayton avait pris pour elle, j'ai eu des nouvelles de Stevens et je suis en correspondance avec lui depuis. Je pense qu'il pourrait l'amener ici ; il y a beaucoup de choses à faire. organiser."

"Mais si nous allons à Inchbrae, mon frère, ne pourrait-elle pas y venir directement ?"

"Oui, vous pouvez y aller et la recevoir. Je dois voir Stevens ici ;" puis il reprit d'un ton étrange : " Si vous voulez que je vous suive, j'y irai. "

"Si je le souhaite?"

"Tu ne sais pas, Anne. Tu ne sais rien", s'écria-t-il avec un peu de son ancienne manière très péremptoire.

Elle était surprise et vexée. Pourquoi a-t-il continué ainsi ? pourquoi parler constamment comme si elle avait encore beaucoup à apprendre ?

« Encore une chose, dit-il d'un ton moins excité, je ne veux pas que tous les idiots de la maison bavardent, parlent et s'interrogent ; allez voir les quelques voisins avec lesquels vous avez fait connaissance et parlez d'y aller. à la maison, et de recevoir Margaret naturellement si vous partez soudainement, personne ne sait ce qui peut être dit.

"Et toi, mon frère ?"

"A propos de moi ? qui s'en soucie ?" il a dit; " Mon rôle dans la pièce est presque terminé. Que m'importe tout cela ? Mais on peut dire que je suis malade, c'est la vérité, je suis malade. "

"Si tu es malade, je ne te quitterai pas."

"C'est absurde ! Mon corps va assez bien, mais il y a quelque chose qui me fait bien plus mal qu'une maladie physique."

Une agitation dans le hall fut suivie par l'entrée du domestique.

Il annonça l'arrivée d'une boîte pour Mme Dorriman.

Elle oublia, sur le moment, qu'elle avait envoyé chez les Macfarlane chercher la fameuse boîte qui contenait tant de choses qui étaient importantes pour elle, et quand elle la vit, cela lui fit un petit choc. Apparemment, cela a choqué encore plus son frère, car il était blanc jusqu'aux lèvres.

« Anne, » dit-il d'une voix pleine de supplications, « me ferez-vous une grande faveur : ne regarderez-vous pas le contenu de cette boîte, ne briserez-vous pas les sceaux jusqu'à ce que vous soyez à Inchbrae ?

Mme Dorriman – qui l'avait vu arriver avec un sentiment curieusement mêlé, à moitié effrayé, à moitié anxieux de connaître son contenu – dit doucement : « Ce sera comme vous le souhaitez, mon frère.

CHAPITRE IV.

Les longues journées de juillet étaient à nos portes, beaucoup plus longues dans les Highlands que dans d'autres régions de la Grande-Bretagne, et la plupart des gens, vivant dans cet endroit privilégié, pensent qu'elles compensent largement les journées d'hiver plus courtes. Au-dessus de tout se trouvait la beauté de l'été. Là où la chaleur n'est pas trop intense pour en profiter, quelle chose délicieuse qu'une longue journée d'été !

À Inchbrae, où la mer gardait l'air frais, c'était parfait ; au bord du brûlage et en contrebas de la cascade, des fougères saupoudrées d'embruns montraient une verdure perpétuelle, mille fleurs s'attardaient dans la fraîcheur du côté du brûlage ; le chèvrefeuille et la bruyère rivalisaient en parfum.

Le jardin près de la maison était parfait, car, même si les fleurs printanières arrivent tard, elles compensent quand elles arrivent – et les roses et les géraniums prenaient des couleurs vives et prenaient le soleil pour rehausser leur beauté.

Mme Dorriman avait éprouvé beaucoup de choses en arrivant dans le petit endroit où elle avait éprouvé tant de chagrin. Inchbrae, pour elle, était la deuxième maison après l'ancienne maison, où elle avait de nombreux souvenirs, mais elle l'aimait, et c'était la sienne, et le fait de la posséder donne une certaine touche de fierté à tout.

Christie l'avait accueillie avec toute la cordialité d'une vieille amie et dépendante des Highlands. Elle avait récuré et nettoyé, et Mme Dorriman, même si Jean lui manquait à chaque instant, était pleine de gratitude.

"Eh, ma chérie, le temps s'est arrêté pour toi", lui dit Christie en observant ses mouvements rapides de va-et-vient ; "Tu es une femme différente de celle que tu étais quand tu es partie."

"Je suis plus heureuse, Christie."

"Oui, vous êtes plus heureux, mais vous devez en obtenir davantage ; il y a encore plus de bien à vous arriver."

Mme Dorriman rit doucement.

« Me prophétisez-vous un mari à mon âge, et un autre mari aussi ? puis elle s'est reprochée d'avoir ri.

"Votre âge n'est pas un obstacle ; mais je ne pensais pas au mariage ; je pensais à la vieille maison, à la vieille maison."

"Oh, non," dit Mme Dorriman, levant les mains comme pour repousser cette pensée ; "Ne me rendez pas malheureux en me faisant penser à cela.

L'ancienne maison est vendue, Christie, et nous a disparu, nous avons disparu, et j'ai l'intention d'être heureux ici."

"Cela vous reviendra", a déclaré Christie avec insistance; "Vous verrez qu'il vous appartiendra de nouveau un jour, et ce n'est pas un jour lointain non plus", ajouta-t-elle, plus pour elle-même que pour Mme Dorriman.

Mme Dorriman s'est détournée. À ce moment-là, alors que la large mer ondulait et étincelait en dessous, prenant mille teintes en reflétant les nuages en mouvement, et que la brise marine tombait sur elle avec sa fraîcheur exquise, elle se sentit horriblement ingrate d'avoir longuement pensé à cette autre maison. .

Mais ici, malgré toute sa beauté, il manquait un charme : celui du souvenir.

Inchbrae n'avait aucune association pour elle, et dans cette autre maison il y avait le visage cher et aimable du père, qui aurait sans doute fait davantage pour elle s'il l'avait eu en son pouvoir.

Elle restait silencieuse, essayant d'étouffer tout regret, et d'être reconnaissante pour cela, pour le petit foyer qu'elle avait à offrir à Margaret.

Margaret avait fait beaucoup de choses, mais pas tout ce qu'elle espérait faire. Elle avait vu des spectacles qui lui avaient fait mal au cœur, et elle avait apporté son aide de multiples façons, en suivant des lignes déjà tracées, et en permettant à de nombreuses associations caritatives d'étendre leur action. Les enfants apprenaient à la surveiller et ceux qui l'entouraient s'émerveillaient de la tendresse et de l'habileté avec laquelle elle les traitait.

La sachant sans enfant, ils furent surpris.

Margaret parlait rarement de son petit désormais. Au plus profond de son cœur, elle chérissait son souvenir – car une vraie mère n'oublie jamais – mais elle ne pouvait pas ouvrir la blessure aux étrangers ni expliquer pourquoi un enfant malade exigeait sa plus grande compassion.

Son propre nom n'a jamais été évoqué et toutes les dispositions financières ont été prises pour elle par M. Stevens.

Elle trouvait beaucoup plus difficile l'autre projet qu'elle souhaitait mettre en œuvre à l'égard de Grace.

Lady Lyons avait dit la vérité quant à la recherche de la « grande dame », avec laquelle seule Grace imaginait qu'elle trouverait le bonheur parfait et qu'elle serait « dans la nage ». Elle ne connaissait personne qui ait la moindre ambition de chaperonner une jeune femme pas très belle, pas très riche et personne en particulier. Grace a eu plus d'une entrevue avec ce qu'elle appelait des gens pleins d'espoir ; et elle aimait trop les plaisanteries, même contre elle-même, pour ne pas les répéter, ni même jouer les scènes, pour le bénéfice de Margaret.

Mais il n'en restait pas moins qu'elle ne pouvait rien entendre qui ressemblait le moins à ce qu'elle désirait ; et Grace, qui n'a jamais été un miracle de patience, est devenue extrêmement irritable et a accusé le monde en général de s'unir pour la vaincre.

Margaret, rentrant chez elle pleine de scènes terribles auxquelles elle ne pouvait s'habituer, était inquiète au-delà de toute description. Le contraste saisissant entre ce désir non satisfait de sa sœur de simple divertissement et les réalités terribles, parfois horribles, auxquelles elle s'était peut-être trouvée juste avant, face à face, la frappait douloureusement. Elle n'était qu'humaine elle-même, et il s'élevait parfois entre eux des paroles de colère et des répliques acerbes qui la remplissaient ensuite de consternation.

Chez des personnages aussi éloignés les uns des autres, il fallait s'attendre à ce qu'un jour vienne où une terrible crise montrerait à chacun à quel point les cordes fraternellement étaient maintenant tendues.

Après une scène entre eux, cependant, c'est Margaret qui a tenté de compenser un manque reconnu d'affection en donnant à Grace quelque chose qu'elle souhaitait.

En ce moment, avec ce curieux mépris pour la convenance des choses qui distingue certaines personnes, Lady Lyons fit un effort réussi pour voir Margaret – avec un but précis.

Comme nous le savons, la pauvre Lady Lyons était une de ces mères qui ne possèdent aucune connaissance réelle du caractère de leurs fils, et elle pensait que Paul (qui ne s'en accusait jamais) était probablement trop timide pour dire quelques mots nécessaires pour montrer à Margaret que , quand le temps aurait rendu les choses un peu plus agréables pour tout le monde, il espérait la trouver capable de répondre à son dévouement.

Elle pensait que maintenant qu'il y avait du mouvement dans l'air et que Margaret parlait d'aller en Écosse, cela aiderait considérablement les choses si elle pouvait dire quelque petite chose pour éveiller l'attention de Margaret et lui faire voir que même si Paul restait à l'écart (par délicatesse).) il planait, pour ainsi dire, à l'horizon.

Lady Lyons arriva donc un jour et entra dans le salon où elle trouva Margaret très perturbée et Grace pleurant sur un canapé.

C'était très intéressant. Les sœurs s'étaient-elles livrées à un langage franc, un sujet dans lequel les meilleures sœurs montrent parfois plus de la licence de leur relation que du lien d'union censé exister entre elles ?

Elle a toujours été nettement maternelle envers Margaret, espérant qu'elle comprenait, tout en étant un peu déçue que Margaret ne se soit jamais suffisamment détendue pour lui permettre de l'embrasser.

Margaret, lorsqu'elle était de bonne humeur, avait tendance à se moquer d'elle auprès de Grace comme d'une « vieille dame exubérante », et l'impression maternelle escomptée était, jusqu'à présent, infructueuse.

Avant que Lady Lyons ait entièrement réglé ses idées, Grace, à la grande surprise de sa sœur, prit Lady Lyons dans leurs conseils et lui parla ouvertement de ses espoirs, de ses déceptions et de tout le reste, et finit par dire :

"Vous aviez tout à fait raison, Lady Lyons : personne n'aura rien à me dire."

"Ma chère Miss Rivers", dit la femme trompée, et parlant sur le ton le plus condescendant, "N'ayez pas peur, votre jour viendra. Vous verrez, votre jour viendra."

« Vous avez tous tort », dit Grace, très ennuyée contre elle ; "Je parle d'un chaperon."

"Grace, cela ne sert vraiment à rien de déranger Lady Lyons avec nos affaires privées", dit Margaret, d'un ton dont elle espérait qu'il mettrait fin à l'indiscrétion de Grace.

"Absurdité!" » dit Grace froidement. "Maintenant, Lady Lyons, voici tout cela. Je veux aller jeter un petit coup d'œil à Londres" (les idées de Grace étaient devenues un peu modifiées) ; "Je ne m'attends pas à aller aux garden-parties royales et à toutes ces choses très chics, mais je veux aller aux bals et faire des choses agréables. J'ai hâte de m'amuser."

"Je suis sûre que c'est très naturel", dit Lady Lyons, un peu touchée par ces sentiments de jeune fille.

"Margaret n'est pas d'accord avec vous", a déclaré Grace. "Elle est très heureuse de passer son temps dans les hôpitaux et dans des endroits très horribles, où elle soigne des malades. C'est *son* idée du bonheur. Ce n'est pas la mienne."

"Mais, ma chère Miss Rivers, une personne très riche a parfaitement le droit d'avoir *quelques* caprices, et la chère Mme Drayton reviendra peut-être après un moment", a déclaré Lady Lyons, hochant la tête vers Margaret avec effusion.

" Vous ne la comprenez pas, " dit Grace, qui ne voulait pas s'empêcher de faire des confidences - parce qu'elle voulait taquiner sa sœur - " vous la traitez de riche, mais elle ne l'est pas du tout. Elle a donné tout son argent, Lady. Lyons ; elle en a envoyé des milliers ici, là et partout. Elle n'y touchera pas, j'appelle cela une horrible honte ! » et Grace enfouit son visage dans son mouchoir.

Dire que Lady Lyons était sans voix, c'est peu dire. Elle avait le sentiment le plus extraordinaire, comme si, d'une manière ou d'une autre, Paul avait été fraudé.

"C'est la chose la plus extraordinaire que j'ai jamais entendue de ma vie !"

Margaret se leva, lui tendit la main et lui souhaita au revoir.

"Il n'y a aucune raison pour que cela ne soit pas connu", a-t-elle déclaré, avec une couleur accentuée, "même si je pense que ma sœur aurait pu raconter l'histoire différemment."

Lady Lyons lui serra la main, et le changement dans ses manières aurait été très amusant si quelqu'un avait été là pour le voir.

Lorsque Margaret eut quitté la pièce, une idée soudaine vint à l'excellente femme qu'elle avait laissée assise là. Elle se rapprocha un peu de Grace et dit avec insistance :

"Dites-moi, ma chère Miss Rivers, soyez maintenant franc avec moi. Comment ce cher et bon M. Sandford a-t-il accepté le mariage de votre sœur ? Était-il en colère ?"

"Il était furieux", répondit Grace. "C'était très ridicule de sa part, car c'est lui qui a amené cet horrible homme à la maison en premier lieu, il est donc la toute dernière personne qui devrait trouver à redire."

"Et, quand Mme Drayton va en Ecosse, elle n'a pas l'intention de rester avec M. Sandford ?"

"Bien sûr que non. Dans ce cas, je ne pourrai finalement pas aller la voir."

"Et c'est vraiment beaucoup d'argent qu'elle a renoncé."

"C'était des milliers", a déclaré Grace, "et je dois dire, Lady Lyons, je pense que c'était très égoïste, elle aurait pu penser à *moi* ."

"Je pense qu'elle pourrait effectivement le faire."

"Parce qu'elle ne se soucie pas de l'argent, ce n'est pas une raison pour que je ne le fasse pas. Je *déteste* la pauvreté."

"La plupart des gens le font, cela semble très dommage", dit Lady Lyons avec émotion, avec un soupir.

"Je ne prétends pas être comme Margaret, j'aime les jolies choses. Je pense que j'aime *les* vêtements", a déclaré Grace d'un ton réfléchi; " et de plus, je n'ai jamais l'intention d'épouser quelqu'un qui ne soit pas aussi riche qu'il peut l'être ! "

"Je pense que vous avez tout à fait raison, ma chère, tout à fait raison, et que vous n'avez pas d'argent propre."

"Mais j'ai moi-même beaucoup d'argent", et Grace ouvrit de grands yeux, "Je veux dire, j'ai autant d'argent que je veux de M. Sandford, mais j'aimerais être extravagante."

"Excusez-moi, ma chère Miss Rivers, excusez-moi, mais vous êtes un peu incohérente, vous dites que vous avez de l'argent, beaucoup d'argent, et ensuite vous êtes en colère parce que votre sœur donne le sien."

"J'en ai assez pour une fille, c'est-à-dire que Margaret me donne tout ce que je veux, mais j'aimerais avoir une maison à Londres, des chevaux, des voitures, pouvoir jeter de l'argent, me sentir vraiment *riche* ! Maintenant, Margaret met toujours une question tellement désagréable pour moi. Quand je dis que je veux quelque chose, elle dit : « Tu peux t'en passer ? Pourquoi on n'achèterait jamais de vêtements décents si on disait *ça* ," et Grace poussa un très profond soupir.

« En supposant, ma chère Miss Rivers, en supposant seulement que vous trouviez une dame disposée à être votre chaperon, quelle part prendriez-vous dans les dépenses du ménage ? » Lady Lyons fixa ses yeux avec beaucoup d'impatience sur le visage de la jeune fille.

"Aucun!" » dit Grace calmement.

Lady Lyons commença.

"Mais si une dame allait à Londres et prenait une maison et obtenait des voitures et des domestiques, tout cela pour votre compte, elle s'attendrait à ce que vous partagiez les dépenses."

"Alors elle aurait tout à fait tort, et je n'ai aucune idée d'aller à Londres avec quelqu'un qui ne connaît personne, qui n'a même pas fait un début. Par exemple," et Grace parla en riant, "si vous pensiez vous-même à une telle chose , pourquoi cela ne servirait à rien ; j'ose dire que vous connaissez quelques personnes, mais toutes vos connaissances sont très probablement... des fossiles", et Grace éclata de rire. Lady Lyons enfila son manteau autour d'elle et revêtit son air le plus digne.

"Je vous souhaite le bonjour, Miss Rivers ; bien sûr, ma santé seule m'empêcherait de penser à entreprendre une telle charge !"

"Maintenant, vous êtes offensée contre moi, Lady Lyons. Bien sûr, j'avais tort de dire fossiles, mais le mot a échappé d'une manière ou d'une autre. Je vous demande pardon - vous savez que je suis une terrible oie - pardonnez-moi!"

Lady Lyons ne fut pas très facile à apaiser. Elle était naturellement très en colère contre le mot utilisé, et elle était également profondément offensée d'avoir été en quelque sorte rejetée avant d'avoir proposé quoi que ce soit, mais elle souhaitait réfléchir à cette idée de Grace Rivers. Elle avait toujours eu un désir ardent pour les médecins londoniens, sentant vaguement que d'une manière merveilleuse, la santé, la force et même la jeunesse pourraient être renouvelées par leur compétence unie.

Même si Grace l'avait si résolument mise de côté, elle savait que ce n'était pas définitif. Elle était assez astucieuse pour voir que si la jeune fille ne pouvait pas exécuter son plan d'une autre manière, on pourrait lui demander d'entreprendre la tâche ; et, bien qu'elle fût invalide, son mal pesait tellement sur ses nerfs qu'une société joyeuse pouvait lui faire du bien.

Elle tendit donc la main du pardon à Grace, avec une teinte de patronage, et la paix était jusqu'à présent établie entre eux.

À la grande indignation de Margaret, Grace insista pour faire de la publicité, et sa publicité provoqua de nombreuses discussions entre les sœurs.

"Je dirai : 'Une jeune femme de position et de bonne naissance souhaite résider avec une dame de...'. J'ai peur que si je mets 'rang', cela aura l'air snob", dit-elle d'un ton réfléchi, "et je m'en fiche qu'elle ait un rang ou non. Je veux seulement être avec quelqu'un qui connaît tout le monde !"

"Je ne vois pas comment vous pouvez le formuler de manière à exprimer tout votre sens", dit Margaret; "et tu ne sais vraiment pas toi-même ce que tu veux."

Grâce sourit.

"Oh, oui, je le veux. Je veux beaucoup de très bonne société. Pourquoi tout recommencer ?"

" Parce que vous demandez ce que je considère comme une impossibilité. Si vous étiez héritière, alors tout serait assez facile ; mais avec des moyens modérés, je le répète, personne ayant une position ne sera troublé par une telle accusation. "

Grace persista cependant, et alors que la publicité la regardait en face depuis quelques jours, elle reçut deux réponses.

"Lady Turnbull sera heureuse de donner une entrevue à la jeune dame désireuse d'entrer dans le monde, et souhaite savoir quelle somme la jeune dame se propose de contribuer en échange du chaperonnage, de la nourriture, du logement et de l'inquiétude de l'esprit."

"Cette femme doit être folle !" s'exclama Grace. "Anxiété mentale ! Je n'ai jamais rien entendu d'aussi ridicule."

L'autre lettre provenait de Mme Geoffrey Lansdowne Bill, qui y utilisait son nom in extenso, d'un bout à l'autre.

"Mme Geoffrey Lansdowne Bill, ayant une maison plus spacieuse que ce dont elle a besoin, céderait deux chambres à la jeune dame qui annonçait une maison heureuse et raffinée et un chaperonnage. Mme Geoffrey Lansdowne Bill, ayant bien épousé deux de ses filles, serait tout à fait disposé à faire avancer les vues de la jeune dame dans ce sens.

"La société dans laquelle elle évolue est mixte, participant également à la littérature et à la mode. Mme Geoffrey Lansdowne Bill s'attend bien sûr à être très généreusement rémunérée pour son travail, et je souhaite avoir des nouvelles de la jeune femme immédiatement."

Même Margaret rit de bon cœur de cette effusion.

"Dommage qu'un de ses amis littéraires ne l'ait pas aidée à écrire sa lettre", dit-elle en riant en la parcourant, "et à garder ses temps en ordre".

"Je devrais penser que la société était "mixte", s'écria Grace avec colère, "et je sais ce que vous pensez - vous pensez que ces deux échecs vont me prouver que j'ai tout à fait tort - vous imaginez que cela me convaincra que mon projet C'est impossible, mais j'ai l'intention de le faire d'une manière ou d'une autre.

"Très bien", dit Margaret très doucement.

Deux jours seulement après, Grace entra précipitamment dans la pièce et annonça que M. Stevens était là et souhaitait la voir ; et, dans le même souffle, elle ajouta : « J'ai vu Lady Lyons, et elle va s'occuper de moi, elle est allée à Londres pour voir les chambres, et maintenant il ne vous reste plus qu'à dire combien d'argent vous pouvez donnez moi. J'en aurai besoin, vous savez, et ne me laissez pas un instant en suspens. Avant que Margaret puisse lui répondre, elle était partie.

La pauvre Margaret éprouvait toujours un sentiment d'humiliation amère lorsqu'il fallait aborder la question de l'argent de son mari.

Elle avait rarement vu M. Stevens, même s'ils avaient beaucoup de correspondance. Il n'a jamais pu comprendre ses opinions. Ayant épousé M. Drayton pour son argent dans un premier temps, pourquoi a-t-elle ensuite refusé de bénéficier de son testament ?

Cette apparente incohérence le troublait ; il l'avait jugée durement avant leur rencontre, et maintenant il avait appris à l'aimer si bien qu'il avait besoin d'une explication sur sa conduite qui le satisferait.

Il venait la voir maintenant, parce que certaines choses étaient restées inexpliquées, et il pensait que bien des ennuis et de la correspondance pourraient être évités par un entretien personnel.

Margaret ne l'a jamais vu sans émotion. Elle avait ce genre d'instinct, comme la plupart d'entre nous, quant à l'appréciation ou à l'aversion qu'une connaissance a pour nous, et elle savait que, même s'il lui faisait preuve de courtoisie et même de compassion, elle n'avait pas son approbation.

Comment pouvait-il l'approuver, ne connaissant que le simple fait de son mariage ? Parfois, elle avait envie de lui dire au moins tout ce qui pourrait la redresser à ses yeux, parce que la désapprobation d'un homme essentiellement juste lui était douloureuse.

Mais les circonstances qui avaient conduit à son mariage, et qu'elle avait alors jugées si importantes, s'étaient avérées sans importance réelle. Elle avait cédé à la faible crainte de sa sœur d'une pauvreté qu'elle détestait et à son espoir de s'échapper dans une atmosphère plus agréable ; et, lorsqu'elle constata que le sacrifice de Margaret n'avait pas modifié ses conditions, elle les accepta calmement comme une fatalité, et la pauvre Margaret sentit que tout ce qu'elle avait souffert ne lui avait pas été réellement demandé.

C'était là que résidait l'aiguillon de tout cela — et elle ne pouvait pas maintenant se ramener à cette excitation de sentiment et à cette agonie d'esprit à propos de Grace qui l'avait poussée à commettre un acte qu'elle regrettait maintenant si amèrement.

"Vous avez maintenant renoncé à tout l'argent de M. Drayton, Mme Drayton", a déclaré M. Stevens après une longue conversation. "Ce dernier chèque à l'hôpital des enfants est le dernier solde, en ce qui concerne vous. Bien sûr, celui de votre sœur reste intact, et, je suppose, comme l'investissement est bon, elle ne se souciera pas de le déranger."

"Mes soeurs?" » demanda Margaret avec étonnement. « De quel argent parlez-vous ?

"Vous ne vous en souvenez pas ? M. Drayton m'a dit que vous aviez tenu à ce que vous lui ayez demandé de régler quelque chose à son sujet, qu'en cas de décès, elle soit assurée."

Margaret s'en souvenait maintenant avec une rougeur brûlante de honte. Oui, cela faisait partie de son marché.

"Combien y a-t-il ?" » demanda-t-elle à voix basse.

M. Stevens la regarda avec surprise.

" Il y a quinze mille livres ; l'intérêt viager vous est laissé seul ; l'argent devient le sien à votre mort. Vous voyez donc que vous ne pouvez pas aliéner cette somme. Vous ne pouvez pas la donner. "

"Je suis sûre que ma sœur réfléchira avec moi..." commença-t-elle, puis s'arrêta brusquement ; elle avait la conviction que Grace penserait très différemment.

"Je ne sais pas si vous pouvez comprendre ce que je pense de l'argent de M. Drayton", dit-elle précipitamment. "Ce n'est pas un caprice, ni un dégoût pour le confort et le luxe de la vie, mais je ne peux pas !" continua-t-elle avec un ton de passion qui le surprit chez quelqu'un d'habitude si calme et impassible devant lui. Un grand sanglot lui brisa la voix. Elle avait honte de trahir une émotion devant une personne qu'elle considérait comme antipathique, et au bout d'un moment ou deux, elle en vérifia tous les signes et dit d'un ton plus calme : « J'espère que ma sœur verra tout cela comme moi.

"Je ne pense pas qu'elle le fera", a déclaré M. Stevens, qui ressentait intensément pour elle et qui l'aimait plus qu'il ne l'aurait jamais cru possible. "Mais je ne pense pas que son action en la matière doive vous déranger, les gens sont si différemment constitués. J'apprécie moi-même pleinement votre sentiment en la matière; c'est honorable pour vous, si vous me permettez de le dire."

"Je suis si heureuse que vous compreniez", dit simplement Margaret. "J'avais peur que vous ne puissiez pas approuver..."

Elle s'arrêta net, craignant de s'effondrer à nouveau ; puis, d'une voix plus calme, elle aborda le sujet des scènes qu'elle avait visitées si récemment et les besoins des pauvres enfants qui l'intéressaient tant.

Il était de plus en plus charmé par elle ; il n'y avait là aucune absurdité grandiloquente, aucun sentiment exagéré, mais tous ses projets étaient pratiques et pleins de bon sens.

Il est resté longtemps, puis il a dit :

« La seule chose à régler maintenant est de savoir si les intérêts des quinze mille livres avec lesquelles vous n'aurez rien à voir doivent être affectés à des fins caritatives ou versés à votre sœur ?

"Je t'écrirai."

"Faites-le ; et Mme Dorriman, le savez-vous, me fait confiance pour vous protéger des périls de votre long voyage."

"Mais cela va vous causer tellement de problèmes."

"Pas du tout;" il parlait sur un ton si gentil que Margaret sentit qu'elle l'avait gagné comme ami.

"Chère Mme Dorriman," dit-elle doucement, "quelle leçon elle est pour nous tous ; si altruiste et si parfaitement inconsciente de toutes ses propres vertus !"

Il se tut, et au bout de quelques instants il la quitta et elle attendit Grace, pleine d'une certaine vague inquiétude, ne sachant pas ce qu'elle ferait, plus qu'à moitié effrayée de ne voir que satisfaction dans le fait d'avoir un revenu. , incapable de comprendre la différence qui les séparait, oubliant que Grace connaissait, après tout, très peu de choses de ces terribles mois, et qu'il lui était tout à fait impossible de voir les choses de son point de vue.

Elle se tourna vers des choses plus agréables. Sur la table se trouvait un petit colis. Elle savait très bien de quoi il s'agissait, puisqu'elle recevait ce matin-là une lettre de l'éditeur.

Les preuves de son poème étaient devant elle. Même si elle avait caché son nom, sa première idée fut presque celle de la peur. Elle avait mis tout son cœur dans ces lignes, ses chagrins, son deuil amer du passé. En lisant tout cela maintenant, avec quelle vivacité tout cela lui revenait ! Les lignes sur la mort de son enfant la touchèrent avec une nouvelle tristesse ; à nouveau, elle ressentit un sentiment de perte terriblement vide et tendit une fois de plus ses bras vides vers une tombe sans réponse.

C'est dans cette vague de sentiments que la voix de Grace s'est brisée, et cela l'a secouée encore plus que d'habitude.

En frappant précipitamment, comme pour se passer d'une formalité, et sans attendre de réponse, Grace entra, tous ses vêtements et ses cheveux clairs et duveteux dans un état de confusion.

"Marguerite !" s'écria-t-elle, je m'en vais ; soit je quitte la maison, soit Jean, cette vieille Écossaise la plus ennuyeuse, la plus provocante, la plus agaçante. Je ne resterai pas ici si elle reste !

« Que s'est-il passé maintenant ? » dit la pauvre Margaret, inquiète et troublée, et parlant avec une certaine acuité qui ne lui est pas habituelle.

"Tu n'as pas besoin de me parler ainsi. Bien sûr, tu prendras son parti ; mais elle a été si impertinente que je ne le supporterai pas !"

"Je vous le demande encore", dit Margaret, "qu'a-t-elle fait ? Elle vous a soigné fidèlement et avec la plus grande gentillesse. Quelle offense vous a-t-elle fait maintenant ?"

"Elle m'a traité de Jézabel, puis a dit que j'avais une jambe dans la tombe."

"Je doute qu'elle dise ça, et... oh, Grace, comment peux-tu le faire ?" et Margaret se leva et regarda fixement sa sœur, son propre visage rougissant tandis qu'elle parlait.

"Il n'y a rien de grave," dit Grace en essayant d'en rire, "et c'est vous-même qui êtes à blâmer; vous ne savez pas comme c'est pénible de vous entendre dire un jour que je suis très pâle. et je vais bien, et un autre jour quelque chose du même genre, je ne serai pas malade, Margaret, tu entends ?

"J'entends", dit la pauvre Margaret à voix basse, choquée et affligée. Pour ses idées primitives, le fait que Grace utilise du rouge était une dégradation dont elle ne pouvait pas se remettre.

"Vous êtes aussi mauvais que Jean", dit Grace avec colère: "et j'attendais que cet homme ennuyeux parte pour vous raconter mes projets. De quoi diable avait-il à parler aujourd'hui?"

"Ses affaires vous concernaient plus que moi", et Margaret, toujours ennuyée et énervée, parla très froidement.

Grace était dans l'une de ses humeurs les plus provocantes ; elle essayait de cacher son trouble par un air de bravade, et elle en voulait à la dureté de Margaret, comme si sa sœur la blessait profondément par son ton.

« Est-il venu me tendre la main ? » demanda-t-elle en se redressant et en regardant Margaret avec les sourcils levés ; "Peut-être, aussi âgé qu'il soit, pense-t-il comme une sœur... Oh, pardonne-moi, Margaret chérie ! Je suis odieuse et détestable ! Personne d'autre que toi n'aurait de patience avec moi ! J'irai demander pardon à Jean ! Je ferai n'importe quoi, mais n'en ayez pas l'air !"

Elle se jeta à genoux près de Marguerite, en pleurant passionnément.

"Grace, nous ne sommes que deux; aimons-nous et ne soyons pas méchants", murmura Margaret, et Grace arrêta de pleurer et se leva.

"Maintenant, dis-moi," dit-elle, "ce que tu veux dire, chérie. En quoi sa visite me concernait-elle ?"

" M. Drayton, semble-t-il, pour me plaire ", commença Margaret... " Non ", dit-elle, " je dois *vous le dire* honnêtement. Quand j'ai accepté de l'épouser, j'ai stipulé que sur sa richesse, il devrait pourvois à toi de telle manière que si je mourais ou si lui mourait, tu serais au-delà du besoin.

"Et qu'a-t-il fait ?" » demanda Grace, à bout de souffle, les yeux pétillants d'impatience.

"Il t'a laissé quinze mille livres et l'intérêt de ma vie, Grace."

"Et il ne m'a rien laissé du tout ! Quel dommage !" et les yeux de Grace se remplirent de larmes de colère.

"Il savait que tant que je vivrais, tu partagerais tout ce que j'avais", dit doucement Margaret.

"Ce qui semble être assez peu, puisque vous vous réduisez peu à peu à un état de paupérisme", dit Grace avec amertume.

"Vous avez tout ce que vous voulez, et l'allocation libérale de M. Sandford est plus que suffisante pour nous deux."

"Et comme je ne souhaite pas que tu meures, chérie, et que tu es plus forte que moi, c'est un compliment bien vide de sens."

"Je ne souhaite pas toucher à cet argent, Grace. J'espère que vous n'y toucherez pas non plus."

"Comment puis-je le toucher si c'est le vôtre ?"

"Mais si je ne prends pas le revenu, soit il s'accumulera pour vous, soit je pense que vous pourriez avoir les intérêts maintenant."

"Délicieux!" s'exclama Grace. "Maintenant, Margaret, tu peux t'épargner toute remarque. J'ai cet argent à ma portée et j'ai l'intention de le prendre, là-bas !"

CHAPITRE V.

Si Margaret avait continué à espérer que sa sœur voyait les choses comme elle les voyait, elle aurait vite été détrompée. Le moral de Grace était pour elle une véritable épreuve, mais ce n'était rien comparé aux félicitations qui affluaient de Lady Lyons, et même de Jean.

Grace annonçait à tout le monde qu'elle avait réussi à faire fortune et ne cachait pas que c'était un héritage de son beau-frère.

Si quelque chose aurait pu ajouter au sentiment de Margaret à ce sujet, c'était d'être félicitée pour que son mari ait fait la bonne chose.

Lady Lyons était assez déconcertée par les confidences impétueuses de Grace, même si, malgré toutes ses questions, elle ne parvenait pas à comprendre exactement quelle était la fortune. L'expression de Grace « beaucoup d'argent » pourrait signifier n'importe quoi.

Comme c'était ennuyeux qu'elle ait définitivement refusé son chaperonnage ! Quelle stupidité elle avait agi – c'était vraiment très provocant que parfois les gens ne puissent pas regarder en avant et voir plus clairement ce qui se cachait derrière le voile de l'avenir.

Alors qu'elle était extrêmement provoquée avec elle-même, Margaret, pour la première fois depuis son trouble, vint la voir.

Elle avait l'air très belle et douce dans la robe noire unie qu'elle portait, et Lady Lyons, qui avait bon cœur, fut touchée par les signes de chagrin si faciles à lire sur son visage, et la reçut avec un oubli momentané de sa propre position. un invalide.

Margaret ne savait rien de ce qui s'était passé entre sa sœur et Lady Lyons, et elle était venue parce qu'elle avait vraiment hâte d'arranger quelque chose bientôt. Mme Dorriman l'a exhortée à se précipiter vers le nord afin de pouvoir profiter de la chaleur de l'été au bord de la mer, et elle ne pouvait pas y aller avant que sa sœur ne soit placée en toute sécurité chez quelqu'un en qui elle avait une certaine confiance.

Avant que Lady Lyons ait pu organiser ses idées et dire ce qu'elle souhaitait concernant l'héritage, Margaret lui avait demandé catégoriquement si elle assumerait la charge de Grace.

Lady Lyons fut flattée et ravie et, pendant un moment ou deux, ne fit que parler de ce compliment de manière incohérente.

« Je ne pense pas que vous ayez besoin de considérer cela comme un grand compliment, » dit Margaret en souriant, « à moins que vous ne sentiez que ma bonne opinion en est une. Il vaut mieux être franc, Lady Lyons ; ma sœur n'est pas forte, elle n'est pas égale. à tout ce qu'elle veut faire, et je serai bien plus heureux de la laisser sous votre garde que chez un étranger.

"Je ne suis pas un étranger, certes, et j'ai des amis, mais je ne suis pas sûr qu'ils plairont à votre sœur. Je ne suis pas à la mode et je ne connais pas de gens à la mode."

"Je ne pense pas que Grace s'en souciera", dit Margaret innocemment.

Lady Lyons la regarda avec curiosité. "Vous et votre sœur n'êtes pas du tout semblables l'une à l'autre, Mme Drayton ; lorsqu'elle m'a parlé, elle m'a clairement fait comprendre que je n'étais pas assez bien et que je ne connaissais que des fossiles. Oui, c'était bien le mot, *des fossiles* ! "

Il y eut un ton offensé : il était évident qu'elle n'avait pas encore pardonné à Grace.

"Grace dit parfois des bêtises, Lady Lyons ; vous pouvez vous permettre de rire de ces choses. Je ne savais pas qu'elle vous avait déjà demandé de l'emmener à Londres, sinon je n'aurais pas dû vous déranger."

"Oh ! elle ne me l'a pas demandé ; nous nous sommes présenté un cas suppositoire", dit Lady Lyons, craignant maintenant que les choses n'arrivent toujours pas à une conclusion heureuse. "Franchement, chère Mme Drayton, j'aimerais moi-même aller à Londres pendant un certain temps. J'ai souvent l'impression qu'un de ces bons médecins londoniens me piégerait au bout d'un moment. J'ai souvent souhaité être plus près d'eux. Maintenant, À partir d'ici, le temps que j'arrive à la gare, puis chez eux, puis de nouveau, je suis assez épuisé, et puis il y a les dépenses.

"Oui, il y a la dépense." Margaret parlait un peu rêveusement ; elle ne pouvait s'empêcher de penser que si Lady Lyons passait son temps à courir après les médecins, Grace n'aurait guère ce qu'elle espérait.

"Bien sûr, Mme Drayton, les dépenses ne sont rien pour vous qui en jetez des milliers", dit Lady Lyons d'un ton blessé.

"Est-ce que j'en jette des milliers ?" » demanda Margaret, qui ne savait pas à quel point les rumeurs étaient nombreuses sur sa fortune et ce qu'elle en avait fait. "Je ne pense pas, mais je me demandais peut-être si la charge d'une jeune fille comme ma sœur n'était pas trop pour vous."

"Oh non!" s'exclama Lady Lyons, craignant de voir toutes ses visions s'effacer. "Je voulais seulement dire que je pourrais d'abord voir quelqu'un et être remis dans le bon sens."

"Grace voudra aller partout, à toutes les pièces de théâtre, à tous les concerts et à tout ce qui est possible", a déclaré Margaret de manière impressionnante. "Vous ne devez pas accepter ce poste les yeux fermés."

"Je vous assure, chère Mme Drayton, que je comprends tout, étant une jeune fille et n'ayant jamais eu aucun plaisir. Je n'ai parlé que des médecins, parce que c'est, vous savez, l'un des avantages de Londres : vous pouvez obtenir , comme l'a dit un jour un de mes érudits amis, le meilleur conseil pour votre âme et votre corps.

Cette conversation n'impressionna pas Margaret d'une manière très favorable, mais le temps passait et elle avait abandonné sa maison. Malgré toutes les absurdités et les absurdités de Lady Lyons, elle était une femme au bon cœur, et personne n'aurait jamais de réelle influence sur Grace.

Cette jeune femme a pris tout cela très calmement. Elle ne s'opposa pas à Lady Lyons, ni ne manifesta aucune surprise qu'elle soit prête maintenant à faire ce qu'elle s'était déclarée réticente à faire auparavant ; mais elle était si complètement absorbée par le changement imminent dans son existence que Margaret fut blessée de constater à quel point elle semblait peu ressentir la séparation d'avec elle-même.

Les sœurs se séparèrent. Margaret jeta son dernier regard et vit Grace dans le célèbre velours brun, ce qui, par une chaude journée de juin, était singulièrement inapproprié, paraissant fragile mais radieux, donnant des ordres aux porteurs et se donnant tout à fait des airs de jeune personne importante.

Avec un soupir, Margaret se pencha en arrière ; ce lien étroit ne lui apportait pas beaucoup de satisfaction.

Cependant, à mesure que le train traversait le pays riche, les nouvelles attentes, le mouvement et le changement de décor produisaient leur propre œuvre. La couleur douce lui apparut au visage. Pour la première fois, elle se retrouva à regarder en avant au lieu de regarder en arrière.

Tout lui était agréable ce jour-là. Elle était seule, Jean ayant fermement refusé de partager sa voiture, et rien ne la dérangeait. Jamais elle n'avait vu un feuillage plus riche, pensa-t-elle, et elle regarda les myriades de primevères et de marguerites avec un désir soudain d'être près d'elles. Elle avait un livre avec elle, mais elle ne l'a jamais ouvert. Elle avait eu grand plaisir, dans une lettre très amicale de son éditeur, avec une preuve substantielle de son admiration pour son recueil de poèmes, et lui demandant les noms de ceux à qui elle désirait les envoyer.

Margaret sourit à cette demande. Elle n'avait pas d'ami au monde à qui elle voulait parler de ses écrits. Oui! un ami, Sir Albert Gerald, et elle lui enverrait son petit livre et lui écrirait. Il avait été si gentil et il était très bon.

Elle fut tirée de ces réflexions par l'entrée de M. Stevens dans la voiture. Il avait parcouru une partie du chemin dans une voiture fumante, et il entra maintenant, apportant divers papiers pour atténuer l'ennui du voyage.

Son entrée interrompit sa rêverie. Elle avait fini par l'apprécier, même si elle pensait parfois à quel point son caractère serait bien meilleur s'il pouvait seulement mettre davantage de côté les soupçons. Son premier mouvement fut de douter de tout et de tout le monde ; et sa prudence était portée à une telle extrême que ses amitiés étaient rares et ne se prolongeaient qu'après une longue période de probation.

Le train s'arrêta à York et Margaret, sous son escorte, alla chercher un rafraîchissement.

Alors qu'elle retournait à sa voiture, elle entendit son nom prononcé avec surprise, et un instant plus tard, Sir Albert Gerald lui-même se tenait à côté d'elle.

Elle était franchement heureuse de le voir, et ils se lancèrent dans une conversation assez animée, oubliant pour l'instant tout sauf cet accident qui les avait réunis de nouveau.

Margaret fut d'abord rappelée au présent par M. Stevens, qui lui rappela que le train continuerait sans elle si elle ne se dépêchait pas. Même alors, elle se tourna naturellement vers Sir Albert, et il se précipita avec elle ; et, au grand mécontentement de M. Stevens, il monta et s'assit calmement en face d'elle.

Pourquoi l'homme plus âgé s'est-il opposé à cela, personne ne peut le dire ; mais ses soupçons étaient tous en alerte, et tout ce que faisait le jeune homme lui paraissait significatif.

Margaret, bien sûr, les a présentés l'un à l'autre, expliquant, comme le pensait M. Stevens, d'une manière totalement inutile, qu'il se rendait en Écosse pour prendre soin d'elle. Mais ces brefs mots ne semblaient qu'une interruption du flux de la conversation. Au début, ils essayèrent tous deux de l'impliquer dans la conversation, mais en vain. Il s'assit sombrement dans un coin, déterminé à ne pas se laisser convaincre par un beau jeune homme dont il ne connaissait rien, et s'étonnant de l'éclat des couleurs et de l'animation de Margaret. Une fois, il entendit un petit rire et il leva les yeux, surpris de ne rien comprendre de leur conversation. Quelqu'un avait écrit un livre de poésie – mais que dire d'une telle absurdité ? Tout homme sensé qui avait quelque chose à dire pourrait sûrement le dire dans une prose honnête et bonne.

"Aimez-vous la poésie", demanda Sir Albert en se tournant soudain vers lui d'un air aimable.

"Non, je ne le fais pas", répondit M. Stevens avec une brièveté tout à fait inutile. "Je n'en vois jamais l'utilité."

"Si seulement des choses utiles nous étaient données ici", dit doucement Margaret, "notre vie serait bien ennuyeuse."

"Je n'ai pas de poésie dans ma vie et je ne me sens pas ennuyeux", lui répondit-il d'une manière plus douce.

"Es-tu sûr de ne pas avoir de poésie dans ta vie ?" » demanda aimablement Sir Albert – il avait hâte de se lier d'amitié avec un homme que Margaret aimait et respectait.

"Il est difficile de dire où cela entre dans ma vie", dit M. Stevens plus poliment, fondant un peu sous l'influence d'une voix et de manières si agréables. "Je suis directeur dans une manufacture et le travail est à l'ordre du jour. Jusqu'à ce que nous nous arrêtions et que je rentre chez moi, je ne respire jamais l'air frais ni ne vois le soleil briller."

« Mais ils vous saluent alors, » dit Sir Albert avec sérieux ; "Le jeu du soleil sur la rivière, l'ondulation du ruisseau, les histoires sans fin trouvées dans chaque feuille et chaque fleur, le chant des oiseaux, tous ces doux cadeaux sont des poèmes de la nature donnés pour faire de nous des hommes meilleurs, plus sages et plus heureux. ceux aussi", ajouta-t-il d'une voix plus basse.

« Disposé de cette façon », commença M. Stevens ; puis, un peu honteux d'avoir été si tôt influencé par un homme qu'il n'avait jamais vu auparavant, il dit plus brusquement : « Je pense qu'introduire du sentiment dans le travail est la ruine de tout. Qu'en voulons-nous ? facultés et travailler au mieux de nos capacités, je conçois que c'est tout ce qu'on attend de nous. Je pense que la vie est un problème assez facile, même si les philosophes essaient de le résoudre autrement. On nous donne deux voies, la bonne et la bonne. un mauvais choix ; le bon est souvent difficile, le mauvais est souvent agréable ; c'est notre faute si nous le choisissons, et cela nous conduit au désastre.

" *Si nous utilisons nos facultés* ", répéta Margaret, de sa voix douce, avec une certaine emphase sur les mots. "Utilisons-nous nos facultés, M. Stevens, si nous fermons les yeux (qui nous sont donnés pour les utiliser) et n'observons pas ce qui est beau et juste autour de nous ?"

M. Stevens a été un peu abasourdi par cette question. "Regarder les fleurs et les montagnes et écouter le chant des oiseaux, ce n'est pas de la poésie", dit-il avec obstination.

"Mais si nous lisons un poème et l'apprécions, si nous écoutons de la musique, si nous voyons un beau tableau, bref, si nous voyons la poésie dans l'œuvre des autres, cela a une bonne influence sur notre esprit." Sir Albert a parlé avec sérieux.

"Je ne vois pas ça du tout. Les travailleurs n'ont pas de temps pour la poésie et les jolies choses. Leurs vies sont très différentes."

"Vous vous trompez en effet. Une grande partie de la misère et du vice parmi les personnes les plus pauvres sont causées par la misère et l'absence de tout charme ou d'influence supérieure dans leur vie. C'est si bien reconnu que beaucoup de gens dépensent du temps et de l'argent pour essayer " Pensez, M. Stevens, " dit Margaret avec sérieux, " pensez seulement à ce que cela doit être pour un homme qui travaille dur de rentrer chez lui dans une chambre misérable et sans confort, sans papier sur les murs. , ou un atome de *maison* - regardez autour de lui, une femme fatiguée et des enfants se croisent parce que leurs énergies naturelles n'ont pas d'exutoire s'il pouvait rentrer chez lui dans une pièce confortable aux couleurs gaies et la trouver propre. les enfants, au lieu d'avoir accès uniquement aux rues crasseuses, pourraient jouer sur les places et les jardins, si égoïstement fermés à eux maintenant, leur vie serait meilleure, ils prendraient courage et ne trouveraient pas le seul soulagement, le pub. après."

"Et les places et les jardins seraient une belle vue dans très peu de temps", dit M. Stevens, un peu ému par l'extrême sérieux de Margaret, et essayant de cacher que cela l'affectait.

"Pourquoi le seraient-ils ? Regardez les jardins du Temple, regardez les lieux déjà ouverts au public ! Je donnerais n'importe quoi pour voir tous ces lieux ouverts à tous."

"Et à Paris tout est ouvert, et qui dira que nous sommes moins sages que les Français ?" dit Sir Albert en la soutenant.

"Deux contre un, ce n'est pas juste", dit M. Stevens, laissant tomber le dernier lambeau de préjugés et commençant à découvrir qu'il y avait quelque chose de très délicieux chez un homme qui pouvait parler d'autre chose que de son travail.

Lorsqu'au bout d'une heure, Sir Albert descendit du train, M. Stevens fut tout à fait cordial en exprimant son espoir qu'ils se reverraient bientôt.

Avant de se séparer, Sir Albert, jetant un coup d'œil à Margaret, promit de lui envoyer un livre de poésie qui le convertirait.

"Je vais voyager pendant environ un an", continua-t-il en se tournant vers Margaret, "puis j'irai aussi en Écosse."

Elle comprit ce qu'il voulait dire. Il était très gentil et très attentionné ; mais *cela* maintenant – cela ne pourrait jamais être le cas !

Lorsqu'il fut parti et que le train repartit, elle fut très amusée d'entendre M. Stevens dire :

"Il y a beaucoup à aimer chez ce jeune homme. Le connaissez-vous depuis longtemps ?"

Margaret répondit et lui raconta l'histoire de son plus terrible accident.

"Et tout cela s'est passé avant votre mariage ? Très extraordinaire !" il a dit.

Margaret était en colère contre elle-même, car elle se sentait devenir cramoisie.

Lorsqu'il vit sa couleur, il dit avec plus d'insistance :

"Très extraordinaire !"

Elle et Jean étaient déjà assez fatigués lorsqu'ils atteignirent Perth. Margaret, en effet, avait une certaine excitation mentale qui l'empêchait de dormir. Avec une tendresse de conscience qui tenait de la morbidité, elle s'accusait d'avoir oublié parce qu'elle s'était laissée heureuse.

"Hélas!" pensa-t-elle, "est-il possible que je sois la même misérable femme brisée qui ne se souciait même pas de la lumière du jour il y a quelques semaines ? Et maintenant, un changement de décor, la rencontre avec un vieil ami, m'a envoyé du courage dans les veines, et m'a rendu la vie à nouveau douce."

Mais cela ne servait à rien de se lamenter sur des sentiments qui avaient disparu, et elle était trop honnête avec elle-même pour s'aveugler sur le fait d'être différente. Son chagrin pour son enfant était vif et douloureux, car une mère ne peut pas oublier. Mais le sentiment écrasant d'avoir fait quelque chose d'indigne lui avait été enlevé. Le ton de doux respect et de sympathie que lui avait montré Sir Albert avait balayé les fausses théories. Elle se disait encore : « J'ai péché ! mais elle ne disait plus : « Le ciel peut pardonner, mais l'homme ne le peut jamais ! et la piqûre la plus aiguë avait disparu.

Jean était dans un état d'excitation folle à mesure qu'ils approchaient des vieux repaires. Sa tête tournait rapidement d'un côté à l'autre alors qu'elle reconnaissait les différents points de repère.

"Eh!" s'écria-t-elle à haute voix, au grand amusement des autres passagers, "voici le vieux kirk et la colline derrière, exactement comme je les ai laissés."

"Vous ne vous attendiez pas à ce qu'ils s'enfuient, n'est-ce pas ?" » dit un homme âgé en l'observant attentivement.

« Je ne sais pas à quoi je m'attendais, répondit-elle d'une manière abstraite, mais ils sont là, et c'est beaucoup pour moi.

Margaret n'avait aucune association, mais elle regardait aussi avec impatience un endroit dont elle avait tant entendu parler.

Les grandes collines brunes dormaient au soleil, leurs belles silhouettes nettes et nettes sur un ciel pâle sur lequel flottaient quelques nuages dorés. Entre quelques sapins, elle aperçut enfin la mer.

Mais il lui semblait que jamais elle ne l'avait autant apprécié auparavant. Les ombres violettes qui le balayaient rendaient l'éclat brillant des derniers rayons du soleil d'une beauté exquise, et la crête de chaque vague agitée semblait une masse d'or en mouvement. Alors que le train s'approchait, ses yeux étaient encore éblouis par l'éclat du tableau.

Mme Dorriman, encline à pleurer et bien résolue à ne pas céder, faisait des grimaces singulières en tenant cette silhouette désespérée contre son bon cœur.

"Ne pleure pas, ma chère", dit-elle à voix basse, tout en observant le visage calme de Margaret, s'attendant à chaque instant à la voir s'effondrer, et très étonnée de son calme et de sa maîtrise d'elle-même.

Margaret n'était pas encline à pleurer. La source de ses larmes était bien trop profonde. Elle avait pleuré son enfant pendant des mois, et elle avait toujours ce spasme douloureux si quelque chose l'amenait soudainement devant elle ; mais Mme Dorriman n'avait aucune association en rapport avec cela. Elle lui rappelait son enfance, Lornbay, tout ce qui s'y passait, et toute émotion qu'elle ressentait était désormais adoucie par l'influence apaisante de la gentillesse et de la sympathie de Sir Albert Gerald.

"C'est comme rentrer à la maison", dit-elle à Mme Dorriman.

« Mon pauvre enfant !

"C'est agréable de se sentir si chez soi. Il me semble connaître ce sapin courbé et l'aspect des collines - et oh ! comme l'air est parfait ici !"

"Oui, ça va", a déclaré Mme Dorriman, mettant de côté ses sentiments et ses larmes lorsqu'elle a vu que Margaret n'avait besoin ni de l'un ni de l'autre.

"Quel délicieux parfum ! Qu'est-ce que c'est ?" s'écria Margaret, tandis que la célèbre calèche se dirigeait vers Inchbrae.

"Les ajoncs en pleine floraison. Il n'y a rien de tel", répondit la petite dame, pleine de bonheur maintenant qu'elle avait quelqu'un qui pouvait apprécier toutes ces choses à ses côtés. « Ma propre idée est que le souffle de la mer et le parfum de la fleur d'ajonc et de la bruyère feraient du bien à n'importe qui ; et je suis si heureux, ma chérie, si heureux que tu sois ici.

"Je suis heureuse d'être ici", dit Margaret pensivement; "C'est comme un beau réveil dans un autre monde plus juste après un mauvais rêve."

"Et Margaret, mon amour, j'ai tellement envie de te demander quelque chose."

"Demandez-moi tout ce que vous voulez."

« Nous ne sommes pas exactement « parents », comme dirait Jean, mais me donneriez-vous un nom ? Je suis trop vieille pour qu'on m'appelle Anne, mais ne m'appellerez-vous pas autrement ?

"Je le fais toujours. Je pense toujours à toi comme si tu étais ma propre relation, ma propre relation, et je t'appelle 'Tante'. Cela fera-t-il?" et Margaret se pencha et l'embrassa.

"Oh!" " dit Mme Dorriman avec un soupir, " vous ne savez pas à quel point il est doux d'avoir quelqu'un pour vous aimer. J'ai eu si peu d'affection toute ma vie, et parfois cela me fait me sentir un peu désespérée. Je pense qu'avoir une sœur ça doit être un énorme réconfort."

"Parfois", dit Margaret, "et parfois une grande anxiété; bien sûr, peu de liens peuvent y arriver", ajouta-t-elle précipitamment, craignant de permettre même à Mme Darriman de connaître la déception intense et amère que Grace était pour elle.

Ils arrivèrent à Inchbrae et, si Margaret l'avait admiré un peu auparavant, elle ne pouvait s'empêcher d'être encore plus enthousiaste à l'égard de tout cela maintenant. Quelque chose dans la nature peut-il surpasser le charme d'un jardin de fleurs bien entretenu, avec ses parterres de fleurs gais et sa pelouse de velours, et son fond de pins aux tiges rouges qui brillent au coucher du soleil, et une magnifique chaîne de rochers derrière lui ? tandis qu'à travers les bouleaux délicats et gracieux, des aperçus de la mer dans toute sa beauté changeante et ses humeurs capricieuses sont là pour donner ce sentiment d'Infini qui élève nos pensées au-dessus et au-delà de tout ?

Les yeux de Margaret se remplirent soudain de larmes. La beauté de tout cela la touchait et l'apaisait, et pourtant elle pleurait presque. Elle sembla tout d'un coup se rendre compte qu'elle avait manqué jusqu'alors quelque chose dans sa vie qui lui était désormais donné. Elle leva la main alors que Mme Dorriman allait parler et demanda, du ton baissé de quelqu'un qui se sent ému et charmé au-delà de toute expression, quel était le bruit près d'eux ?

"Cela ressemble à une rivière ; cela se distingue du bruit sourd solennel de la mer que j'entends se briser sur les rochers."

"C'est la rivière ; c'est le son qui m'a tant manqué quand je suis allée à Renton", répondit Mme Darriman, pleine de joie d'avoir la sympathie de Margaret.

"Il a un bruit puissant et précipité, comme les ailes d'un destin implacable", dit Margaret rêveuse; "Je n'ai jamais été aussi près d'une rivière auparavant."

"Aimes-tu être si près d'elle ? Certaines personnes pensent que cela les dérange ; le bruit le plus fort qui règne partout, c'est la cascade. Viens prendre du thé maintenant, et, quand tu seras reposé, nous irons faire une promenade sur la rivière."

"Tout est si beau", s'est-elle exclamée en suivant Mme Dorriman dans le petit salon lumineux et en remarquant la jolie fraîcheur de tout.

Elle était ravie de sa propre chambre, qui donnait sur la mer.

"Comme tu as dû ressentir en quittant tout ça !" s'exclama-t-elle en regardant tout cela.

"Je l'ai ressenti à ce moment-là, mais tu es vite devenu mon grand réconfort et mon grand plaisir. Je suis heureux d'y être allé, pour de nombreuses raisons, mais l'une des raisons principales est que j'ai appris à te connaître là-bas."

Margaret n'avait qu'une seule vision de la mer dans sa mémoire. Elle avait trouvé le grand panorama de la baie et de l'embouchure de la Clyde céleste, et cela restait dans sa mémoire alors qu'elle l'avait observé avec Grace cette première nuit, et avait été si fascinée par sa douce beauté, sur laquelle le clair de lune avait projeté un voile si beau et argenté.

Mais avec toutes les associations de ce lieu et le souvenir vif du yacht de Sir Albert Gerald glissant dans la lumière brillante de la lune, comme un oiseau prêt à replier ses ailes et à se reposer, elle sentait qu'il ne pouvait y avoir de comparaison.

Aucune mer, ondulant doucement, loin des turbulences et des conflits, abritée dans les grands bras d'une baie qui l'entoure presque, souriant là même lorsqu'elle est féroce et en colère au-delà de l'abri, ne peut égaler en grandeur la même mer se brisant contre la perpendiculaire. des rochers, se précipitant avec une force terrible contre une côte ferrée, comme s'ils méprisaient les obstacles qui se trouvaient devant eux ; et Marguerite, de tout son cœur tendre et sensible aux impressions de la beauté naturelle, était transportée hors d'elle-même par cette scène nouvelle qui se présentait si soudainement à elle.

Comme les premières idées qu'elle s'était faites de cet endroit semblaient petites, combien petites. Elle était trop réfléchie pour parler beaucoup, et son silence convenait à Mme Dorriman, qui, tout en s'efforçant de garder chaque mot à l'écart des sujets susceptibles d'aborder la perte de la pauvre Margaret, trahissait par les soins mêmes qu'elle prenait, par son soudain les pauses et l'hésitation de ses manières, qu'on attendait de sa part une émotion qu'elle ne voulait pas susciter.

Cela ne suffirait pas.

Il y avait certaines choses dans la vie de Margaret dont elle ne pouvait aborder avec personne. La folie de son mari avait été très terrible, si terrible qu'elle ne l'a jamais laissé volontairement rester dans son esprit, et elle n'en a jamais parlé.

C'était une épreuve effroyable et écrasante dont elle sortait au grand jour. Ses ailes avaient été brûlées et brisées lors du conflit, mais elles n'avaient pas été blessées pour toujours. La tache n'était pas permanente, et elle avait traversé tout cela sans s'en rendre compte, sauf en ce sens qu'elle croyait qu'à toute femme un instinct est donné pour secourir. Elle avait délibérément commis une erreur contre la sienne et elle avait cruellement souffert.

Mais de son enfant... oui, de son enfant, elle avait envie de parler ! le manque de sympathie de la part de Grace avait renvoyé tous les souvenirs touchants, si chers au cœur d'une mère, et elle savait que Mme Dorriman lui témoignerait de la sympathie.

"C'est une tristesse pour moi," dit-elle doucement, "que vous n'ayez jamais vu mon enfant. Je voudrais vous en parler, si le fait que j'en parle ne vous dérange pas."

"Oh! ma chérie", dit Mme Dorriman, et sa voix tremblait un peu. "Est-ce sage pour toi ?"

"C'est sage", répondit Margaret. "J'aimerais souvent avoir un ami près de moi à qui je pourrais parfois en parler - cela me fait mal de sentir qu'il ne faut pas en parler devant moi, alors que je le sens encore si près de moi."

Mme Dorriman, son anxiété maîtrisée à l'idée de faire souffrir Margaret, ne put répondre qu'en serrant plus fort le bras auquel elle s'accrochait.

"Oui, au début, c'était très épouvantable pour moi. Maintenant, parfois, les larmes coulent encore, mais je commence à penser que cela m'attend, et non que je reste ici et me laisse sans enfant et seule. C'était très juste, ma tante, et avait des manières de gagner… » Elle s'arrêta un instant et continua de la voix sourde qui était sa caractéristique. "Au début, j'étais tellement égoïste et je priais pour la mort, moi qui ai encore beaucoup à faire."

« Vous avez vu beaucoup de maladies ces derniers temps ? »

"J'ai vu beaucoup de choses terribles", répondit-elle avec sérieux. "J'ai vu des ennuis et des épreuves qui éclipsent les miennes ; j'essaie d'aider ; c'est une grande bénédiction de pouvoir aider. Quand je caresse la petite joue fanée d'un autre enfant, je pense encore à la mienne, car je suis toujours égoïste dans mon le chagrin ; mais la joie de voir un enfant guérir tue l'égoïsme, et je commence à faire les choses plus pour l'amour de Dieu et pour le leur que pour le doux petit visage toujours présent en moi. Je suis plus heureux depuis que j'ai appris à rendre les autres heureux. !"

Elle s'arrêta, croisa les mains et regarda Mme Dorriman comme une belle sainte, avec ses yeux clairs et ses douces lèvres pliées à la fois graves et tendres.

« Ici, il y a la pauvreté, la maladie et souvent le chagrin », a déclaré Mme Dorriman ; "Mais d'une manière ou d'une autre, dans un tel environnement, la pauvreté ne semble pas si sombre."

"Ici, il y a des sources d'eau, de l'air frais et *tout ça* ", dit Margaret en désignant la rivière ; "Mais à Londres, l'eau est taxée même pour les très pauvres, l'allumage même de leurs feux est une difficulté. Ici, les gens ont en tout cas du petit bois", et elle ajouta en désignant au loin une femme qui portait un paquet d'ajoncs,

"Et de la tourbe pour la coupe ; et pourtant l'ambition de beaucoup est de quitter la campagne et d'affluer vers les villes."

"L'annonce de salaires plus élevés est tentante, mais ce que j'espère vivre un jour, c'est la suppression des intermédiaires."

"L'intermédiaire !" s'écria Mme Dorriman ; "Je ne te comprends pas mon cher."

" Je veux dire ceux qui paient si peu le fabricant que souvent il ne peut pas augmenter les salaires, ou faire ce qu'il voudrait faire, et qui s'approprient aussi des riches ; et la classe ouvrière à laquelle je pense ne comprend pas la question, et ne L'entente est injuste. Ils blâment les riches, mais les riches ne sont pas coupables ; ils paient souvent à cent pour cent là où l'ouvrier n'en obtient pas dix. C'est l'intermédiaire qui s'enrichit de chaque côté et qui dépense. leur argent en mangeant et en buvant. Ils n'aident ni l'art ni la science, et ils sont indignés si on leur demande une aide charitable. Vous ne savez pas à quel point c'est grave ! et la joue de Margaret rougit à cause de son discours sérieux, presque passionné.

"Je n'y avais jamais pensé auparavant", a déclaré Mme Dorriman, "et maintenant je ne comprends pas très bien. Les commerçants doivent payer des loyers et des tarifs élevés, etc.".

"Oh, je ne parle pas de la classe supérieure des commerçants", a déclaré Margaret, "et je parle des petits magasins que je connais à Londres, où le charbon est vendu au kilo et le thé en onces, et de ces endroits où l'on fabrique des chemises. littéralement *fait*, pour deux pence. C'est cette misère qu'il faut attaquer, il faut rendre ces choses impossibles!"

"Pourquoi cela ne peut-il pas être fait ?" dit Mme Dorriman.

"Parce que notre pays est tellement libre que l'ingérence n'est pas souvent possible. Oh, il y a tellement de choses à réparer qu'il ne faut pas y penser", et les deux hommes remontèrent la rive du fleuve et rentrèrent chez eux.

CHAPITRE VI.

Grace était beaucoup trop excitée pour ressentir profondément la séparation d'avec Margaret ; en fait, la gravité de sa jeune sœur, même si, bien entendu, elle se sentait comme un frein à ses énergies.

Comme les autres filles de sa nature particulièrement irréfléchie, elle détestait avoir à penser à quelque chose qui n'était pas ce qu'elle considérait comme joyeux ; et elle n'avait pas le pouvoir de se jeter dans les chagrins de qui que ce soit, même d'une sœur, dont le seul défaut était d'avoir laissé ses instincts clairs être obscurcis et obscurcis par son amour passionné pour Grace et son désir de donner ce dont elle pensait que sa vie dépendait à ce moment-là.

Habituée à être considérée, c'était nouveau pour elle de constater qu'elle devait changer deux fois de place pour convenir à Lady Lyons, qui était une de ces femmes qui s'imaginent que, quoi qu'il arrive, appartenir à un autre, d'un mari à un coin dans un le transport ferroviaire doit être supérieur à tout ce qu'ils possèdent eux-mêmes.

Grace était de bonne humeur et changea joyeusement de siège, même si elle sentait la différence. Margaret aurait supporté n'importe quel inconfort plutôt que de la déranger. Mais l'idée qu'elle allait rejoindre le monde à Londres et faire partie de la foule étourdie lui était trop enchanteresse pour ne pas la soutenir en cas de surprise, tant elle était déterminée à être heureuse.

Elle fut extrêmement surprise que le mariage de Margaret ait fait d'elle la gagnante de la course ; mais il était satisfaisant que, comme elle se souciait de l'argent et que Margaret ne l'aimait pas, elle l'ait, et Margaret oublierait bientôt cet horrible homme, qui n'était cependant pas tout à fait horrible, puisqu'il avait fait cela.

« Priez pour vos bagages, Miss Rivers, » dit lady Lyons avec beaucoup de langueur lorsqu'ils arrivèrent à la gare.

"Votre femme de chambre peut sûrement faire ça", dit Grace en hochant légèrement la tête.

"Comment peut-elle connaître vos bagages alors qu'elle ne les a jamais vus ?" demanda Lady Lyons avec inquiétude, mais non sans raison.

"Les servantes devraient avoir de l'instinct", dit Grace en naviguant le long de la plate-forme pour montrer ses cartons.

Cette difficulté surmontée, ils montèrent dans un fiacre, la bonne suivant dans un autre. Mais comme Lady Lyons avait toujours peur d'avoir froid, elle prit une peau d'ours de quelque taille, un rouleau de couvertures et une bouteille d'eau de lavande. Elle donna à l'homme des instructions inutilement minutieuses et ouvrit sa fenêtre. C'étaient les derniers jours d'un mois de juin chaud.

Grace baissa sa fenêtre avec un bruit qui la réduisit presque en atomes.

"Ma *chère* Miss Rivers, je vous en prie, fermez la fenêtre. J'ai une circulation tellement languissante et mes médecins m'ont ordonné de faire attention aux courants d'air."

"Il ne peut vraiment pas y avoir de courant d'air lorsqu'une fenêtre est hermétiquement fermée", dit Grace très froidement ; "Soyez aussi étouffant que vous le souhaitez de votre côté de la voiture, mais il me faut de l'air frais."

Lady Lyons était un peu intimidée et ne dit rien. Au bout d'un instant, elle se mit à tousser, une toux courte improvisée pour l'occasion. Grace n'y prêta aucune attention.

« Si je suis très malade, vous devrez envoyer chercher M. Jones à Wandsworth, » dit-elle enfin.

"Pourquoi devriez-vous être malade ? L'air frais est ce que vous voulez, Lady Lyons. Vous toussez exprès."

"Ma *chère* Miss Rivers."

"Attends de m'entendre tousser; alors tu reconnaîtras une vraie toux quand tu en entendras une", dit Grace en riant et en ouvrant un petit peu de fenêtre. Elle ne voulait pas se disputer avec Lady Lyons, mais elle avait l'intention d'affirmer dès le début son indépendance.

Ils se rendirent dans un hôtel privé, où Grace intervint à nouveau. Elle ne voulait que les meilleures chambres, et tous les petits arrangements proposés sous une forme économique par la pauvre Lady Lyons étaient impitoyablement balayés de côté.

"Je ne suis pas venue ici pour économiser", dit Grace d'un air grandiose, tandis qu'ils occupaient les chambres de Brook Street.

Les premiers jours, Grace était contente, et plus que contente. Elle ne se souciait pas d'être vue tant qu'elle n'était pas ce qu'elle appelait correctement habillée, et elle savait certainement ce qu'elle voulait et l'obtenait, comme le font habituellement les gens lorsqu'ils ont la maîtrise de l'argent.

Puis vint la grande question de société, et la pauvre Lady Lyons se trouva complètement paralysée.

« Vous connaissez sûrement quelques personnes, Lady Lyons ; quelqu'un pour commencer ?

Lady Lyons réfléchit.

« J'en suis sortie depuis si longtemps, » murmura-t-elle ; "Oui, il y a une amie très gentille ; je me demande si elle est à Londres ?"

« Voyons cela », dit Grace en sonnant pour obtenir le livre et en retournant rapidement les feuilles. "Quel est son nom?"

« Je… je pense que cela commence par un P », dit Lady Lyons ; "Mais, mon cher, c'est tellement stupide de ma part. Je ne me souviens pas de son nom en ce moment."

"Votre aimable amie et vous n'avez visiblement pas correspondu ces derniers temps", a déclaré Grace en riant.

"Ma chère Miss Rivers !"

"Maintenant, j'ai les P", a déclaré Grace, "et je vais parcourir la liste."

« Penshurst ! » s'écria Lady Lyons. "Oui, Penshurst est le nom."

"Il y en a dix-sept," dit Grace d'un ton exaspéré, "et ils vivent partout à Londres. Qu'est-ce *que* M. Penshurst ?"

"Je ne sais pas."

"Ha!" dit soudain Grace, "c'est drôle. Voici un nom Penryn. Je connaissais un peu l'une des filles, la fille de Sir Jacob Penryn, et voici son adresse. Je me demande si elle se souviendrait de moi ?"

« Était-elle à l'école avec toi ? » demanda Lady Lyons avec un soulagement évident.

" Oh ! mon Dieu non. Son père avait une maison dans le quartier et nous y allions parfois, ma sœur et moi, parce que notre père avait témoigné de la bonté envers un de ses fils décédé. "

"Mais, ma chère, c'est vraiment une très bonne chose ; écrivez tout de suite et dites que vous avez fait fortune et que vous êtes ici. Un début ! Pourquoi, il est député et a sa propre maison à Londres."

"Non, je n'écrirai pas", dit Grace d'un ton décidé, "et ma fortune ne vaut guère la peine d'en parler, mais j'appellerai, et s'ils souhaitent renouer connaissance, ils pourront la rendre."

Lady Lyons devait en être satisfaite ; en fait, elle était plus que satisfaite, car la difficulté lui semblait complètement surmontée. Elle reprit courage et partit de son propre chef voir un médecin, et paya beaucoup pour être assurée qu'elle n'avait rien de grave.

Ce n'était pas du tout ce à quoi elle s'était attendue ou ce à quoi elle s'attendait – elle n'était pas du tout sûre d'être contente.

Grace, entre-temps, laissa sa carte et écrivit dessus « À Londres pour une courte période avec Lady Lyons ».

Quelques jours plus tard, Miss Penryn arriva, une très jolie fille, habillée avec une extrême simplicité. Elle s'est excusée pour sa mère et a apporté sa carte ainsi qu'une invitation de Lady Penryn pour une réunion qui aurait lieu chez elle cette semaine-là.

Lorsqu'elle fut partie, Grace examina sa toilette blanche élaborée et trouva ses volants en dentelle trop nombreux.

"C'est exagéré", dit-elle avec mécontentement à Lady Lyons.

"C'est très gentil", dit Lady Lyons, qui ne pensait pas à la robe de sa "jeune amie", mais qui pesait dans son esprit le pour et le contre en rapport avec la rencontre de Lady Penryn.

Elle souhaitait faire connaissance ; d'un autre côté, elle avait terriblement peur qu'on lui fasse appel à sa poche, et elle était l'une des nombreuses personnes qui versent de petites sommes à des œuvres caritatives déclarées et n'aiment pas l'action spontanée.

Grace a réglé le problème pour elle, en disant avec sa nonchalance habituelle :

"Vous ferez votre première apparition en tant que chaperon, Lady Lyons."

Après cela, elle ne put faire aucune objection, mais elle s'enquit de nombreuses questions au sujet de Lady Penryn.

"Comment est-elle, ma chérie ? Est-elle gentille ?"

"Je devrais dire que ce mot la décrit exactement ; mon souvenir d'elle est qu'elle est beaucoup trop gentille ; pour être sincère, elle disait toujours : 'Chère chose !' et s'est débarrassé de nous le plus tôt possible.

"Elle n'aimait peut-être pas les enfants", observa lucidement Lady Lyons.

"Peut-être", mais Grace ne pensait pas qu'elle aimait beaucoup les adultes. Elle et Margaret avaient toujours opposé négativement la négligence de Lady Penryn et la cordialité de Sir Jacob.

"Gratitude pour son fils", commença Lady Lyons, "cela devait être là en tout cas."

"Oh ! le pauvre homme que mon père savait si bien n'était pas son fils. Elle n'a pas de fils. Il y en a eu deux ou trois d'une première femme ; cette fille n'est pas sa fille."

Lorsque Grace et Lady Lyons arrivèrent à Cromwell Road, elles trouvèrent tout l'endroit bondé de gens, pour la plupart des personnes âgées ; quelques filles, et les hommes se comptaient sur leurs doigts. Des papiers leur furent remis, et Grace découvrit avec beaucoup d'amusement que la réunion avait été convoquée sur le droit de vote des femmes.

Lady Penryn, vêtue d'un riche velours cramoisi, fut très cordiale dans son accueil envers Lady Lyons et Grace, leur conseilla de s'asseoir à droite, leur dit qu'elles trouveraient beaucoup d'amis et leur tourna le dos pour recevoir quelqu'un d'autre.

Miss Penryn n'était pas là, ou, si elle était là, Grace ne pouvait pas la voir.

Pendant plus de deux heures, ils restèrent assis dans une pièce qui, malgré les fenêtres ouvertes, était étouffante, assis sur de très petites chaises de rotin, et écoutant des discours d'hommes et de femmes plus ou moins célèbres, sur un sujet qui ne les intéressait ni l'un ni l'autre. .

Aucune question du jour n'a jamais intéressé Grace. Lady Lyons n'a jamais compris la question, et l'injustice des femmes qui ont un grand contrôle sur l'argent et qui contribuent largement aux revenus de diverses manières et pourtant ne peuvent pas voter, ne lui a pas fait mal. Elle savait que certaines femmes avaient rendu le sujet ridicule ; elle avait peur du ridicule, et elle ne prenait pas la peine de démêler la question des absurdités qui s'élevaient autour d'elle, et de la juger selon ses propres mérites.

"Je n'aime pas du tout être ici", murmura Lady Lyons; "J'ai tellement peur d'être prise pour une femme forte."

« Je vous en prie, n'ayez pas peur de cela », dit Grace d'un ton satirique ; "C'est la toute dernière chose dont votre pire ennemi vous accuserait."

La réunion s'éternise et la chaleur devient assez suffocante. Tout à coup Grace poussa un petit cri et se rejeta en arrière en fermant les yeux.

"Une dame qui s'évanouit ! De l'air ! De l'eau ! Des sels ! Salvolatile !" » a crié des dizaines de voix à la fois.

Grace, toujours les yeux fermés, fut transportée hors de la pièce où Lady Lyons restait volontiers avec elle, dans une petite pièce du fond, consacrée aux écrits de Lady Penryn.

Lorsque la réunion s'est dispersée, elle est venue voir comment allait Grace et a été accablée par ses attentions affectueuses.

"La pauvre chérie", dit-elle.

"La chaleur était très forte", s'excusa Lady Lyons.

"Pas dans mes appartements", dit Lady Penryn d'un ton très décidé. "La ventilation est admirablement réalisée – un arrangement privé de ma part."

Lady Lyons était trop impressionnée pour la contredire.

"Pauvre chérie ! comment te sens-tu maintenant ?" » dit Lady Lyons en se tournant de nouveau vers Grace.

"Je me sens mieux, Lady Lyons, et nous rentrerons à la maison", a déclaré Grace. "Et Lady Penryn, je dois m'excuser de vous avoir tous dérangés. Quelles drôles de choses tout le monde a dites. Croyez- *vous* vraiment à tout ce qui a été dit aujourd'hui ?"

Lady Penryn toussa doucement.

"Ma chérie, le but d'une réunion est d'aérer le sujet."

"Oh ! je vois. Eh bien, cela ne vous dérange pas que je dise que tout cela me paraît très absurde !"

"La question en elle-même n'est pas absurde ; elle devrait intéresser la classe aisée ; et elle est d'intérêt général."

"Alors cela devrait m'intéresser, car je fais partie de la classe aisée", a ri Grace; "Au moins, j'ai un revenu pour moi tout seul."

Elle fut amusée de voir Lady Penryn la regarder avec un intérêt redoublé lorsqu'elle fit cette déclaration.

« Espérons, cher enfant, que tu utiliseras tes richesses à bon escient. Maintenant, ne veux-tu pas prendre du thé ou du vin ? continua-t-elle, devenant hospitalière.

Lady Lyons accepta et ils descendirent avant de partir. Lady Penryn s'approcha de Grace avec beaucoup de grâce et l'embrassa sur les deux joues.

"Pour le bien du bon vieux temps", dit-elle plaintivement.

"C'est une jeune et douce chose", continua-t-elle, "et elle a tenu la promesse de sa jeunesse ;" et Grace remarqua qu'elle avait pris soin de ne présenter aucun des hommes qui se tenaient à proximité.

"Nous nous reverrons bientôt, j'espère ″, dit-elle d'une voix pathétique.

"Cela dépend de vous", dit doucement Grace. "Quand vous nous rendrez visite, j'espère que nous serons chez nous."

" Ah ! jusque-là, au revoir. Chose douce, au revoir. "

« Chérie !… au revoir », imita Grace tandis qu'ils montaient dans le coupé.

" Oh ! ma chérie, chut !... quelqu'un pourrait t'entendre. "

"Oui, le cocher. Je pense que nous ferions mieux de poursuivre votre Mme Penshurst."

"Si seulement je pouvais me souvenir de quelque chose à propos de son mari, mais ce n'est pas le cas. Je suis restée éveillée pendant une demi-heure la nuit dernière et je ne me souviens pas de son prénom. C'est peut-être Charles, mais je pense que c'est John - non, c'est peut-être James, " et Lady Lyons regarda fixement devant elle.

Grace se jeta dans le coupé avec beaucoup de pétulance. Ils étaient à Londres depuis trois semaines et n'avaient fait aucune connaissance.

Alors que la voiture tournait dans Brook Street, Grace aperçut soudain Sir Albert Gerald. Elle tira sur le cordon et l'appela par son nom.

Très surpris, il se retourna et s'approcha d'elle. Elle était si proche de Margaret que ce fut un plaisir de la rencontrer.

« Venez me voir, » dit Grace : « venez prendre le thé. Ici Lady Lyons. Je veux particulièrement vous voir, pouvez-vous venir demain ?

"Si vous pouviez me voir tôt... mais je quitte la ville demain après-midi pour quelques jours."

"Je te verrai à tout moment. Onze heures du matin, je me trouverai habillé et sain d'esprit, dans le petit salon étouffant que nous appelons le nôtre."

"En attendant, au revoir", dit-il en reculant et en levant son chapeau.

« Cette pauvre fille a l'air terriblement malade, pensa-t-il, comme si elle n'avait plus très longtemps à vivre ; et il partit de cette idée pour penser à Margaret. Quelle curieuse différence il y avait entre les deux sœurs, l'une si calme, si douce et si réfléchie, l'autre si inquiète et si frivole.

Il tint cependant parole et trouva Grace dans un état d'esprit agité, une énorme pairie et le Morning Post devant elle.

Il était évident qu'il y avait quelque demande qui tremblait sur sa langue, et qu'elle avait hâte que les premières phrases conventionnelles soient terminées ; les demandes concernant Margaret recevaient des réponses si indifférentes, et Grace gardait toujours une place ouverte dans la pairie avec un doigt de sa main gauche.

"Maintenant, Sir Albert, je veux que vous fassiez quelque chose pour moi", dit-elle avec plus de sérieux qu'elle n'en avait encore montré.

"Si je peux", dit-il sérieusement.

"Oui, tu peux si tu veux."

" *Après ?* " demanda-t-il.

"La duchesse de Mallington va donner un grand "à la maison". C'est votre tante. Elle va aussi donner un bal. Ne pourriez-vous pas obtenir une carte pour Lady Lyons et pour moi à l'un ou l'autre ?

"Je pense que je pourrais", dit-il; "C'est une très chère vieille dame et je pourrais lui demander. Elle peut refuser mais je ne pense pas qu'elle le fera."

"Sir Albert, excusez la force de mon langage, mais vous êtes un chéri, là !" s'exclama Grace en riant et en rougissant un peu. "Vous ne savez pas combien j'ai envie d'aller à un seul bal, pour tout voir. C'est si triste de se déplacer dans ce grand endroit et de ne connaître personne."

« Je suis sûr que ce doit être le cas, » dit Sir Albert avec sympathie ; "Il est tout à fait naturel que vous souhaitiez tout voir par vous-même. J'ai peur que cela ne vous plaise pas, mais je pense que je peux vous obtenir l'invitation."

"Je suis sûre que j'apprécierai ça", et Grace frappa dans ses mains avec plaisir. "Tu n'apprécies pas ça ?"

« Pas grand-chose maintenant », dit-il ; "J'aime beaucoup certaines personnes et je les trouve toutes très gentilles. J'aime rencontrer des gens agréables avec modération, mais je n'aime pas beaucoup la gaieté."

"Penser seulement!" dit Grace ; "De toute ma vie, je n'ai jamais assisté à un bon et gros bal, jamais !"

"La nouveauté peut certainement vous amuser; la seule chose est que si vous ne connaissez pas beaucoup de monde, c'est très ennuyeux de regarder et de voir les autres danser et parler. Si je suis là, je peux m'occuper de vous et vous présenter des hommes. à tout prix."

"Vous êtes certainement une amie des plus charmantes", dit Grace avec enthousiasme, "et je ne sais vraiment pas comment vous remercier assez !"

"C'est un grand plaisir de faire n'importe quoi pour vous, Miss Rivers. Je pense que vous savez pourquoi !"

"Oh, oui, en effet. C'est pour Margaret."

— Vous a-t-elle dit que je l'avais rencontrée par hasard ? Je suis monté dans son wagon sans savoir qu'elle était là.

"Elle ne me l'a jamais dit", a déclaré Grace; "M. Stevens l'a escortée jusqu'à ce que tous les changements, carrefours et tout soient passés."

"Qui est M. Stevens ?"

"Il était le directeur de M. Drayton et mêlé à ses affaires. Je pensais que vous l'aviez peut-être vu à Wandsworth. Il est venu à la rescousse à ce moment terrible."

"Je n'ai vu personne d'autre qu'elle *alors* ", dit-il d'une voix plus basse. "Miss Rivers, pensez-vous qu'elle oubliera toutes ces effroyables affaires ?"

"Je pense qu'elle le fera : au moins, ses lettres sont beaucoup moins déchirantes qu'elles ne l'étaient. Je pense qu'elle a plutôt nourri son chagrin à Wandsworth. Puis elle s'est mise à aller voir les enfants malades et à donner tout son argent, et elle a commencé aller mieux."

"Elle a donné tout son argent ?"

"Tout ce qu'il lui a laissé. Oui, elle ne garderait même pas cent livres par an, ni cent pence. Elle ne pouvait pas supporter de toucher à son argent."

"Je suis si heureux!" dit-il avec ferveur.

"Vraiment?" » dit Grace d'un ton curieux.

Sir Albert rougit et dit :

"C'est agréable quand un personnage qu'on admire est cohérent."

"Margaret est très cohérente."

"Elle est tout ce qu'une femme noble devrait être", répondit-il avec sérieux; "Je suis sûr que nous sommes d'accord sur nos idées à son sujet."

"Peut-être que oui, mais vous l'exprimez mieux que moi : et ma sœur est trop bien pour *moi* . Je l'admire, mais elle est tellement au-dessus de moi qu'il n'y a pas une pleine sympathie entre nous."

« Mais il pourrait y en avoir », dit-il de sa voix calme ; "Vivre avec quelqu'un qui poursuit un objectif élevé doit nous aider."

"Cela ne m'aide pas", dit Grace brusquement, mais avec un accent de douleur dans la voix; se débarrassant de tout sentiment qui lui pesait, elle ajouta d'un ton riant : "Ça me fait un torticolis."

Elle l'a intrigué. Il lui était pénible de la voir si délicate et ne pensant qu'à s'amuser, mais il ne pouvait pas en juger ; et à travers le ton désinvolte brisa tellement de sentiments réels qu'il savait qu'elle parlait beaucoup plus légèrement qu'elle ne le ressentait. Elle était la sœur de Margaret et il ferait tout son possible pour l'amuser. Au lieu de quitter Londres comme il avait l'intention de le faire, il resterait et irait à ce bal et à d'autres, et ferait tout son possible pour lui permettre d'en profiter.

La carte de la duchesse et l'invitation furent remises à Lady Lyons ; et sa première idée fut que c'était une erreur. Grace s'interposa.

"Tout va bien, Lady Lyons ; bien sûr, la duchesse ne pourrait pas me demander sans vous, et je connais certains membres de sa famille."

Lady Lyons fut très profondément impressionnée.

"Ma chérie ! Je n'ai jamais été dans la même pièce qu'une duchesse auparavant ; c'est très délicieux."

"Je ne pense pas qu'elle soit différente des autres", dit Grace avec indifférence.

"J'espère qu'il ne s'agit pas d'une nouvelle robe, je ne peux vraiment pas me le permettre", et Lady Lyons avait l'air vraiment troublée.

" Pendant que je t'entraîne à la fête, je trouverai la robe ", dit Grace en riant ; "laisse le moi."

Cette carte n'était pas la seule qui arrivait ce jour-là et les jours suivants, et Grace était tout à fait enchantée, même si elle prétendait être préparée à cela et à toute autre chose qui pourrait lui arriver.

Lady Lyons n'était pas très contente. Elle était de nature indolente et se fatiguait facilement. Les femmes qui prennent les habitudes d'une invalide deviennent bientôt des invalides en réalité. Elle aimait se coucher à neuf heures et se faire lire pour dormir ; en effet, avec la vague idée que Grace avait l'intention de se rendre utile, elle avait parlé de la lecture et des particularités de la prononciation de sa servante, mais Grace était trop sage pour commencer par faire quoi que ce soit qui puisse être une taxe pour elle dans l'avenir, et elle se moquait de cette idée : « d'ailleurs, ajoutait-elle avec vérité, avec ma poitrine délicate, l'effort me serait très mauvais.

Mais comme Lady Lyons aimait se coucher tôt, la perspective de rester dehors pendant un nombre indéfini d'heures n'était pas amusante ; Pourtant, l'idée de voir tant de gens, connus uniquement par les journaux, la soutenait.

Elle poussa cependant de nombreux soupirs en privé ; Grace songeait à moitié à la persuader de se coucher tôt dans l'après-midi, mais avec la conviction bien fondée que, si elle le faisait, elle ne se relèverait probablement pas ; mais elle lui fit boire du café fort, et cela, ainsi que la vue de sa nouvelle robe, la maintinrent confortablement éveillée.

Grace apparut, radieuse, son inexpérience la rendant ponctuelle. Elle portait une robe blanche très simple et avait fière allure.

Quand ils arrivèrent, ils se trouvèrent presque les premiers, et tout à fait les premiers étrangers interrogés.

Lady Lyons cherchait la grande dame et ne pouvait pas la voir. À ce moment-là, une gentille petite vieille dame lui tendit la main et demanda au gentleman noir et blanc se pliant en deux devant elle de répéter les noms, et Lady Lyons et Miss Withers furent le résultat crié dans les oreilles sourdes de Sa Grâce.

Grace était à moitié ennuyée et à moitié amusée. Elle s'approcha d'un canapé à proximité et s'assit pour regarder les arrivées et se divertir de la conversation qui se déroulait entre une jeune fille à l'air intelligent, avec de nombreux cheveux roux, et quelques filles plus âgées, qui se caressaient les coudes dans l'embrasure de la porte. affectueusement.

"La chère duchesse a un mélange plus drôle que jamais, ce soir, apparemment", dit l'aînée des filles, qui portait une robe froissée et qui utilisait très librement ses lunettes lorsqu'elle négligeait un instant ses coudes.

"Oui, ma chère vieille ! elle a si bon cœur qu'elle ne peut jamais dire non. Vous ne pouvez rien concevoir d'aussi drôle que la foule qui arrive ce soir."

"Qu'est-ce qui la pousse à faire ça ?"

"Bonne nature; elle dit que les gens aiment venir parce qu'elle a une grande maison et qu'elle peut leur donner un bon souper, et pourquoi ne le ferait-elle pas?" et la fille a ri.

"Elle est plutôt une épreuve dans certaines choses. Vous n'avez aucune idée de la façon dont les jeunes hommes la pilotent. Elle est tellement désolée pour les filles simples qu'elle les fait monter, qu'elles le veuillent ou non, et les présente tout de suite. Je vous assure qu'elle a enlevé sous mes yeux mes compagnons de compagnie et les a fait danser avec des lampadaires et des boules de billard.

"Ma chère", murmura Lady Lyons dans un murmure très discret, "que veut-elle dire par là ? Comment un homme peut-il danser avec... ?"

"Oh ! tu ne comprends vraiment pas ?" » dit Grace avec impatience ; "des filles grandes et des filles très petites."

"Oh!" et Lady Lyons inspira très longuement.

Pas de groupe, pas de musique et presque pas d'hommes. Cela allait être un bal très bizarre, pensa Grace. Une heure et demie s'écoula ainsi. En règle générale, les gens portaient des robes qui avaient subi le plus gros de la saison : personne n'était très élégant, sauf en ce qui concerne les bijoux. Un grand nombre de gens portaient de beaux diamants et quelques-uns de belles dentelles, mais la plupart, sachant quelle foule il y aurait, avaient laissé de la dentelle à la maison.

Le groupe est arrivé et a commencé à jouer deux ou trois mesures de valses bien connues, puis s'est arrêté. Puis, tout d'un coup, il y eut un afflux de monde, les salles se remplirent d'un seul coup, et la danse commença. Mais seulement dans un espace limité ; cela commençait partout dans la grande salle, trois ou quatre cercles commençant à la fois.

Le son de la musique, la vue des autres faisant ce qu'elle aimerait faire remplissaient Grace de désespoir. Elle ne connaissait personne et personne ne la regardait ni ne la remarquait. Les danses se succédaient et la jeune fille se sentait vraiment désespérée : des larmes de dépit lui montaient aux yeux et débordaient presque.

Lady Lyons s'agitait.

"Je pense que la duchesse pourrait vous trouver un partenaire", dit-elle d'une voix rauque ; "et quel canapé inconfortable ! J'aimerais pour ma part être à nouveau en sécurité à la maison."

Et Grace a failli dire :

"Moi aussi!"

Un drôle de petit homme, avec des yeux curieusement petits et une grosse tête, passait et repassait, regardant le long des bancs, se glissant derrière la foule qui semblait croître à chaque instant. En passant, il aperçut les yeux mélancoliques de Grace et il poursuivit son chemin.

En revenant, il était accompagné d'un homme d'âge moyen, grand et beau ; ils s'approchèrent et son cœur battait fort d'espoir ; ce petit homme était un parent, et il lui avait trouvé une partenaire.

Délicieuse illusion née pour être dissipé. Le grand homme s'inclina devant Lady Lyons, puis dit :

« Sa Grâce m'a demandé de vous présenter M. Bott, ainsi qu'à votre nièce ; il tient à la persuader d'essayer cette valse ; » et sans voir Grace (à moins, comme elle le pensait avec colère, qu'il puisse la voir sans la regarder), il s'inclina de nouveau.

La mortification de Grace ne connaissait aucune limite. Faire sa première apparition publique danser avec cet homme à l'air particulier était pour elle très terrible, mais rester toute une soirée assise derrière le dos (et le dos très ample) de diverses douairières, qui préféraient rester debout ou ne pouvaient trouver aucun siège à leur goût. , lui semblait la seule autre alternative, et encore plus intolérable pour elle.

Elle se leva et bougea avec lui, un peu surprise de la façon dont il se glissait à travers la foule dense, lui laissant de la place derrière lui.

Elle avait été considérée à l'école comme une danseuse parfaite, mais bien danser avec les hommes exige une pratique qu'elle n'avait jamais eue, et ce petit homme dansait abominablement. Il avait tous les défauts possibles et faisait autant qu'il pouvait tout ce qu'il n'aurait pas dû faire.

Il ne pouvait pas diriger. Il n'avait aucune confiance et il ne s'est écarté de personne. Les oreilles de Grace devinrent rouges et picotées, et tout son visage rougit de vanité blessée.

Après deux ou trois combats, au cours desquels elles furent vaincues ignominieusement, elle s'arrêta et regarda le mouvement doux et glissant de filles plus heureuses, avec un sentiment de colère et de désespoir.

Puis, s'approchant d'elle, elle aperçut un couple se déplaçant avec un air d'une grâce inexprimable et reconnut Sir Albert Gerald.

Oubliant tout, mais voyant enfin un visage qu'elle connaissait, elle s'avança et prononça son nom.

Sir Albert s'inclina en riant et poursuivit son chemin sans s'arrêter.

Les larmes lui montèrent aux yeux et, se tournant vers M. Bott, elle dit :

"Je ne me sens pas bien. Veux-tu m'emmener chez Lady Lyons ?"

Il obéit en silence, si profondément offensé contre elle pour ses manières, montra un manque évident d'appréciation ou de danse, qu'il ne fit aucun effort pour la persuader de prendre quelque rafraîchissement à la place, et s'inclinant, il se détourna immédiatement.

" Rentrons à la maison, Lady Lyons ; je suis si fatiguée. "

"Et ne soupez pas ! J'avais envie de manger quelque chose. Je déclare que s'asseoir sur ce banc dur et faire pénitence donne désespérément faim ; et je suis ici à cause de vous, ma chère."

"Comment pouvons-nous aller souper sans que personne ne nous emmène ?"

"Nous pouvons y aller seuls – plusieurs personnes l'ont déjà fait – venez."

Alors que Grace accédait à sa demande, elle fut arrêtée par Sir Albert Gerald, qui amena un jeune homme – un très jeune homme – auprès de Grace et le présenta.

"Je viens bientôt réclamer une danse", dit-il; "Je t'ai vu souffrir le martyre avec le pauvre petit Bott. C'était très gentil de ta part de lui faire danser."

"Je n'ai pas pu m'en empêcher", a déclaré Grace, immédiatement rétablie par ce changement dans ses perspectives de jouissance ; "c'est la seule personne qui m'a été présentée."

"Bott parvient toujours à trouver une nouvelle victime", a déclaré l'homme présenté par Sir Albert, un certain M. Powis. "Voulez-vous souper ? Oh ! Je vois, la vieille dame le veut. Venez, Gerald ; nous souperons tous ensemble," et Lady Lyons fut bientôt aussi parfaitement heureuse qu'elle pouvait l'être alors qu'elle était à moitié morte de manque de sommeil. .

CHAPITRE VII.

L'apparition de Sir Albert Gerald sur la scène de l'action eut un effet magique sur Grace. Toute trace de fatigue disparut. Elle était à nouveau brillante, heureuse, insouciante et pleine de joie ; une fois de plus la musique la charmait, et encore une fois elle était contente d'être là.

Le dîner terminé, Sir Albert trouva un siège plus confortable pour Lady Lyons et la présenta à une dame assise là, qui regarda ses vêtements élégants avec un peu de méfiance jusqu'à ce que la duchesse lui adresse quelques paroles aimables, lorsqu'elle découvrit immédiatement qu'ils avaient beaucoup en commun.

Lady Lyons était en effet débordante de contentement de trouver quelqu'un à qui parler, après un silence prolongé, en premier lieu ; et, dans la suivante, découvrir qu'ils avaient été déçus par le même médecin, qu'ils aimaient la même nourriture et qu'ils avaient les mêmes symptômes ; cela rendait le bal vraiment agréable, et elle ne se souciait plus du temps que Grace restait.

Entre-temps, Grace réalisait ses rêves ; elle flottait dans la pièce, même si son apparence était un peu gâchée par la position particulière de sa tête et une certaine raideur dans son action.

« Vous devez me faire davantage confiance et être un peu moins timide », dit M. Powis lorsqu'à son tour il la fit visiter la pièce ; "on voit que vous manquez d'entraînement."

Grace ne *lui dit pas* que c'était tout à fait son premier bal.

Elle dansait sans s'arrêter ; elle ne le prendrait pas tranquillement ; elle voulait que ce bal soit plein de bonheur, et elle était encouragée par les compliments rieurs du jeune Powis, qui, lui-même un athlète réputé et en excellente condition, aurait pu danser pendant des heures et, pour reprendre sa propre expression, " ne tourne pas un cheveu."

Les lèvres de Grace devinrent très blanches et Sir Albert lui fit plus d'une fois des remontrances ainsi qu'à son partenaire.

"Est-ce que Gerald a quelque chose à voir avec toi ?" » demanda-t-il avec une certaine colère. "Qu'est-ce qui le fait intervenir ?"

"Je suis sûre que je ne sais pas", répondit Grace avec un horrible sourire; "Mais tu vois, ça ne me dérange pas. Continuons."

"Quelle brique tu es !" » dit-il alors qu'ils recommençaient. Arrivé au fond de la longue salle, il y eut soudain une grande agitation, et M. Powis fut choqué de voir sa "brique" de partenaire retomber dans un évanouissement parfait, dans les bras de certains de ces spectateurs toujours présents. debout dans une salle de bal.

Elle fut rapidement transportée dans un petit salon, où ils disséminèrent une ou deux personnes qui avaient des conversations intéressantes.

Il y avait une idée principale présente à chacun : il ne fallait pas déranger la duchesse et ne pas interrompre le bal une seconde.

Grace mit beaucoup de temps à revenir, puis elle s'avoua qu'elle était trop malade pour rester.

Lady Lyons a été retrouvée sans trop de difficulté et les deux ont quitté la scène brillante dès que possible.

Le jeune Powis parla de la catastrophe à Sir Albert, qui était en colère contre lui.

"Comment pourrais-je savoir qu'elle allait s'évanouir ?" il a dit; "elle avait l'air bien : elle voulait continuer."

"Elle est en effet très malade depuis des mois et, en lui envoyant l'invitation, je me suis senti obligé d'essayer de l'empêcher de se faire du mal."

"Oh, je ne savais pas. Elle va assez bien, mais elle reste en arrière et se fait lourde ; mon bras me fait assez mal maintenant. Je suis quand même vraiment désolé. Je ne comprends pas pourquoi vous êtes intervenu."

"Si ce n'avait pas été vous, cela aurait été avec quelqu'un d'autre", et Sir Albert sauta dans un fiacre et disparut.

Lady Lyons savait seulement que Grace était trop fatiguée ; elle ne savait rien de son évanouissement, et Grace elle-même était bien déterminée à en dire le moins possible. N'y avait-il pas plusieurs autres cartes qui attendaient, offrant le même plaisir ?

De la même manière qu'une femme stupide a parfois pour contrarier involontairement, la pauvre Lady Lyons a réussi à l'offenser beaucoup.

" Vraiment, ma chère, vous ne pouvez pas être assez reconnaissant envers ce gentil Sir Albert Gerald. Sans lui, vous et moi n'aurions pas eu de dîner, pas de danse et une soirée très ennuyeuse ; et il vous a cherché un partenaire ainsi que danser avec toi lui-même, je t'assure qu'il s'en est donné la peine.

"M. Powis a demandé à être présenté."

" Vraiment, ma chère ? Eh bien, quel imbécile il doit être ! Je l'ai entendu dire moi-même à Sir Albert : " *Je connais déjà trop de filles ; laissez-moi tranquille !* " et Sir Albert a dit : " C'est absurde " et il a marché. c'est à vous qu'il revient, puis il a fait semblant de le souhaiter lui-même.

"En tout cas, Sir Albert a dit : 'M. Powis aimerait vous être présenté'", et Grace était rouge de colère et de mortification.

"Ma chérie, je pense qu'ils disent toujours ça. Je l'ai entendu dire si souvent près de chez moi."

Grace resta silencieuse. Elle avait pensé que cet homme avait été attiré par elle, oubliant que dans une grande foule, il devait y avoir *quelque chose d'indéniable* pour être remarqué.

Son prochain bal fut pour elle une grande mortification. Elle a vu M. Powis, il lui a demandé comment elle allait, a espéré qu'elle allait mieux et ne lui a *pas* demandé de danser ; plus encore, il exprima sa surprise de la voir revenir au bal.

"J'aurais dû penser que vous auriez eu peur, Miss Rivers. Je me sentirai assez nerveuse jusqu'à ce que je vous voie rentrer chez vous, vous savez."

Grace était furieuse.

Elle et la pauvre Lady Lyons restèrent assises inaperçues. Ils s'en allèrent quand ils furent fatigués et se faufilèrent dans la salle du souper.

Tous les domestiques de l'établissement étaient rangés en phalange dans la salle, en livrées splendides, et le souper, préparé par contrat, était très mauvais, et les serveurs encore pire. Ils restèrent assis très désespérés, n'attirant aucune attention, et se retirèrent, presque épuisés, et ayant les plus grandes difficultés à récupérer leur voiture, aucune des livrées ne choisissant d'affronter une pluie battante et de l'appeler. Après être resté très longtemps dans un courant d'air terrible, quelqu'un demanda le nom, et "La voiture de Lady Lyons, pas de domestique !" » a-t-on crié dans la rue.

Grace éclata de rire, mais Lady Lyons, qui ne voyait rien de drôle dans aucune partie du divertissement de la soirée, s'affaissa en masse dans le coin du coupé et pleura.

Malgré cela, Grace persistait à se contenter du peu de choses qui lui étaient proposées.

"Je ne comprends pas que vous ayez envie de sortir ; vous ne rencontrez jamais personne que vous connaissez. Pourquoi y allez-vous ?" s'écria enfin la pauvre Lady Lyons.

"J'y vais parce que c'est tellement bon pour moi et pour toi aussi."

"C'est bon pour toi ! C'est bon pour moi !"

"Oui, c'est une sorte de pénitence pour vous, d'être assis là et de ne pas vous amuser ; et, quant à moi," dit Grace avec légèreté, "après cela, je ne pourrai jamais m'estimer trop haut ! C'est une mortification tout autour. ".

"Tu dis les choses les plus étranges."

"Je suis heureux d'être original ; et maintenant, Lady Lyons, je veux arranger quelques affaires, et quand cela sera fait, je veux aller en Écosse, mais je dois d'abord terminer mes affaires."

"Combien de temps cela prendra-t-il?" » demanda Lady Lyons.

"Je ne peux pas le dire. Je veux faire mon testament."

"Mon cher!"

"Est-ce une autre idée originale ? Des gens ont déjà fait une chose pareille. Pourquoi voulez-vous particulièrement connaître l'heure, Lady Lyons ? Vous, les gens très intelligents, avez toujours une raison de demander quoi que ce soit."

"Il s'agit des chambres, ma chère, et il s'agit de mon fils", et Lady Lyons regarda Grace pour voir si cette mention du nom de son fils avait un intérêt pour elle.

Grace l'entendait à peine. Elle avait elle-même conscience d'être en bien pire santé qu'elle ne l'était à son arrivée à Londres. Il est vrai qu'elle avait rencontré bien des mortifications, mais elle ne s'en souciait pas beaucoup. Elle avait vu quelque chose de ce tourbillon dans lequel elle avait désiré se trouver, même si elle était consciente qu'elle n'était qu'au bord et regardait de loin. Mais le désenchantement était complet ; elle voyait que, à moins de vivre et de se déplacer parmi les gens et de les avoir pour amis, il n'y avait aucun plaisir à aller dans un endroit, aussi brillant soit-il ; et elle fut frappée par le ton plus élevé de beaucoup de gens qu'elle rencontra, qui ne vivaient pas seulement pour le plaisir, mais qui s'intéressaient à d'autres choses, et qui acceptaient « l'excitation » comme une interruption, même agréable, de leur vie. activités habituelles et n'en ont pas fait leur affaire. Elle eut honte des objectifs frivoles et des petites ambitions qu'elle avait et, même si elle ne se l'appropriait pas, elle aurait souhaité ressembler davantage à Margaret.

Sir Albert a appelé un jour pour lui dire au revoir. Il partait à l'étranger. Il avait très envie de dire quelque chose à Grace, mais il voulait lui parler seul, et Lady Lyons était toujours là.

La façon dont cette bonne femme le remerciait de la peine qu'il avait pris pour favoriser leur amusement était très amusante.

"Oui, en effet, Sir Albert, mais pour vous, comme je le dis toujours à Miss Rivers, pas de souper, pas de partenaires, un banc dur et une foule. Oh, mon Dieu ! Je ne l'oublierai jamais, jamais ! Alors vous êtes venu, et ce souper, et la duchesse était polie, et j'ai eu une conversation agréable, et tout était différent.

"Je suis très heureuse d'avoir pu être utile. La duchesse est toujours gentille."

"Oui, elle est très gentille, même si je l'ai saluée hier et qu'elle ne me connaissait pas; peut-être que, comme j'avais un voile très épais, elle ne pouvait pas me voir", ajouta Lady Lyons d'un air réfléchi.

"Peut-être pas."

"Il n'y a qu'une chose, Sir Albert, si vous permettez que je le dise : j'ai été si surpris de la voir si clairement."

" C'est si simple ! On trouve, dans la famille, que ma tante, pour son âge, est très jolie ; elle a un visage si agréable. "

" Oh ! je ne veux pas dire simple dans le sens de laid, " dit Lady Lyons très pressée, " mais simple dans sa robe. Elle n'avait pas de bijoux, pas même une bague en diamant, car j'ai regardé pour voir quand elle a enlevé ses gants au souper.

"Certaines personnes pensent que l'hôtesse devrait être sans fioritures. J'aime plutôt ce sentiment."

« Je ne comprends pas du tout », dit franchement Lady Lyons ; "Quand j'avais de la compagnie, je mettais ma robe la plus élégante."

"Je suppose que la duchesse n'a pas de robe des plus élégantes", répondit-il en riant.

"C'est absurde, Sir Albert. Mais j'aimerais connaître le "sentiment", comme vous l'appelez, même si, pour ma part, je ne vois aucun lien entre le sentiment et les vêtements."

"Oui," dit Grace; "Si je suis de très bonne humeur, je peux porter du bleu ou du blanc en toute conscience ; si je suis en colère, je porte du rouge."

"Ma chère Miss Rivers ! Vous dites des choses tellement drôles."

"J'éviterai alors de vous parler si je vous vois en robe rouge", a ri Sir Albert.

"Vous feriez mieux... mais s'il vous plaît, éclairez Lady Lyons, elle meurt d'envie de savoir pourquoi ses 'meilleures' robes ne devraient pas être exposées lors de grandes occasions."

"Je pense que l'idée est qu'il est de meilleur goût de ne pas éclipser ses invités", a déclaré Sir Albert ; "La duchesse a des bijoux si magnifiques qu'il serait facile de surpasser tout le monde."

"C'est une sensation plutôt délicate et agréable", dit Grace chaleureusement.

"Mais je préférerais porter mes bijoux, si j'en avais", a déclaré Lady Lyons. " Sir Albert, avez-vous remarqué mon papillon l'autre soir ? Non ! comme c'est

étrange ! Eh bien, tant pis ! Je vais aller le chercher pour vous, il a une histoire.
"

Elle quitta la pièce et Sir Albert saisit l'occasion. « Miss Rivers, » commença-t-il précipitamment, « vous avez une idée, n'est-ce pas, de ce que votre sœur représente pour moi ?

"Je pense que oui", dit Grace modestement.

« Me ferez-vous une très grande bonté ? » dit-il sérieusement. « Veux-tu m'envoyer un message de temps en temps ? Pendant toute cette période épouvantable, le seul plan, pour *son* bien, était de rester à l'écart.

"Je suppose que c'était le cas", a déclaré Grace; "ça a dû être difficile."

"Cela a été très difficile."

"Et quand je t'envoie cette ligne, 'de temps en temps', dois-je lui dire quelque chose ?"

"Je ne vois aucune raison pour que vous ne lui fassiez pas savoir que vous avez la gentillesse de m'écrire", répondit-il.

"Moi non plus. Je voulais seulement savoir."

« Si à un moment quelconque vous pensez qu'elle voudrait me voir – si jamais je peux être utile – vous me le ferez savoir ?

"Je le ferai. Non pas que l'envoi d'une lettre en Norvège ou en Finlande, encore moins aux Antipodes, offre de grandes chances que vous puissiez venir dans un délai raisonnable", a-t-elle ajouté en riant.

"La distance semble plus grande qu'elle ne l'est", répondit-il calmement, "et je n'irai peut-être pas aussi loin que les Antipodes."

"Ou la Norvège ?" dit-elle malicieusement.

Il rougit vivement.

"Miss Rivers, je veux mettre la mer entre nous, jusqu'à..."

"Jusqu'à ce qu'elle ait oublié, dans une certaine mesure", dit Grace avec bonté. " Je pense que vous avez raison ; parce que, en ce moment, tout est si terrible pour elle. Elle pourrait penser que le bonheur en relation avec vous est tout à fait hors de question ; et si vous vous manifestiez tout à l'heure, elle pourrait se mettre dans une position d'où il Il lui sera peut-être difficile de reculer. Je pense que vous devez attendre qu'elle soit complètement rétablie, et alors elle pourra prendre conscience d'un grand vide dans sa vie et vous souhaiter.

"Dieu veuille qu'il en soit ainsi !" dit-il avec ferveur.

"Est-ce que ça te dérangerait de me dire comment tout s'est mal passé à Lornbay ? Je pensais que tu tenais à elle à ce moment-là."

"Je prenais soin d'elle ! C'était un terrible malentendu. Je ne me pardonnerai jamais d'avoir dit quelque chose, dit quelque chose d'une manière stupide. Cela ne vaut pas la peine d'y penser. Vous n'imaginez pas quelle épreuve *cela* a été de supporter. Cela a été ajouté à tout le reste. »

"Eh bien, avant que ma dame et son papillon n'arrivent, entendez-moi promettre de faire le peu que je peux en la matière, Sir Albert. Jurons une amitié éternelle !"

Elle lui tendit la main lorsque Lady Lyons entra dans la pièce, et il lui exerça une pression reconnaissante. Lady Lyons toussa bruyamment, comme pour dire : « Je suis là.

"Maintenant, Sir Albert," dit Grace gaiement, "Lady Lyons est tout à fait choquée; vous ne devez vraiment pas me faire l'amour sous ses yeux."

La pauvre Lady Lyons se sentit terriblement décontenancée. Sir Albert, cependant, était si gentil avec son bijou, et, le portant à la lumière, lui accorda une telle attention, qu'elle pensa bientôt à son papillon plus qu'à toute autre chose.

Mais quand il fut parti, la petite scène lui revint en mémoire, et elle se mit à parler de lui.

Elle avait juste assez peur de Grace pour commencer la conversation aussi loin que possible du sujet, et, sans perdre de vue ce qu'elle voulait savoir, elle commença à parler de Mme Dorriman et des jours de sa jeunesse, où elle avait été une fille négligée de seize ans comme Anne Sandford.

" Savez-vous, ma chère, qu'à cette époque, les gens pensaient qu'elle était une héritière. Personne ne savait rien du tout de son frère, et ce fut une telle surprise quand il est apparu. Personne ne savait rien de *sa* mère, et non un, je crois – aucun de ses amis les plus intimes – n'était au courant du premier mariage de son père.

"Une désagréable surprise pour Mme Dorriman."

"Oui! et comme elle est toujours bonne; jamais un murmure, et c'est très dur pour elle. D'abord, son père n'a pas fait de testament; puis son mari a embrouillé tout son argent! Pauvre chère femme! Maintenant, quelqu'un peut-il dire honnêtement qu'elle a eu une vie heureuse ? Et Lady Lyons regarda autour de la pièce, faisant pour ainsi dire appel à un public invisible, ne regardant finalement que Grace.

"Il est tout à fait impossible que quiconque soit heureux sans indépendance", répondit Grace. "C'est une chose des plus irritantes que de devoir tout, ou presque tout, à quelqu'un qui n'est rien pour soi. Je parle avec émotion, Lady Lyons. M. Sandford, par affection pour sa femme (qui, comme vous le savez, était ma ma tante), nous a offert une maison et a augmenté nos revenus à l'école. Mais il nous a rendu cette obligation odieuse par la manière dont il s'est comporté. Je ne peux pas vous dire à quel point les scènes étaient terribles. aucune fille ayant le moindre sens de respect d'elle-même ne pourrait supporter ça ! »

"Ma chérie ! c'est très, très triste."

"C'est plus que triste. C'est l'histoire du mariage de ma pauvre chérie Margaret. J'étais si misérable, si parfaitement misérable, qu'elle a épousé M. Drayton (tous ses instincts étaient contre lui) pour *me sauver* d'une vie que je détestais. Je l'ai exhortée à le faire ; mais, Lady Lyons, j'étais très malade, si seulement j'avais été bien, si seulement je n'avais pas ressenti autant de besoin de tout le confort et des soins que je pouvais obtenir, je suis sûr que je n'en aurais jamais eu. lui aurait permis de se sacrifier si terriblement.

Elle s'arrêta, épuisée, et se couvrit le visage de ses mains.

"Ma chérie ! ma chérie !" » dit Lady Lyons en lui tapotant faiblement le bras. "Pour mon bien, ne vous excitez pas trop. Je suis vraiment désolé d'avoir soulevé cette question, mais je ne pense pas l'avoir fait non plus."

"Peu importe que vous l'ayez fait ou non, il est toujours là - non, pas toujours", dit Grace avec un petit rire amer, "parce que je ne suis pas une fille qui se rend malheureuse à propos de ce qui ne peut être évité, mais quand Je suis poussé à réfléchir : Oh ! Lady Lyons, savez-vous ce que c'est ? Avez-vous déjà, dans votre vie, eu des remords ?

"Oh oui!" » dit Lady Lyons très placidement, « quand j'ai perdu mon mari, j'aurais aimé ne pas avoir été si en colère contre lui. Mais il essayait, ma chère – très essayant. sur moi quand il est mort.

Grace rit de nouveau et Lady Lyons la regarda avec curiosité. Qu'avait-elle dit de si drôle ? Elle recommença à parler, cette fois un peu méchamment.

"Je suppose que tu seras heureux si ta sœur se remarie ?"

"Bien sûr, je serai heureux qu'elle fasse tout ce qui est pour son bonheur ; mais se remarier, Lady Lyons, ne semble-t-il pas un peu difficile qu'elle ait autant de chances et moi... n'en ai aucune ?"

"Ma chère, si je ne me trompe pas beaucoup, Sir Albert Gerald est très amoureux."

"Oui, je pense qu'il est très amoureux", répondit Grace avec indifférence.

"Alors espérons que tout ira bien."

"J'espère que ce sera le cas", et avant que Lady Lyons ne puisse poursuivre son enquête, un domestique est venu demander si Grace verrait M. Stevens.

"Certainement." Grace était enchantée de voir quelqu'un ; et Lady Lyons, qui ne se souciait pas de M. Stevens, rassembla soigneusement son patchwork et quitta la pièce.

"Eh bien, M. Stevens, vous me voyez sur le point de partir", s'écria Grace; "Je m'éloigne vraiment de cette scène gay et festive, et compte bien recruter mes nerfs brisés dans l'air des Highlands."

M. Stevens la regarda gravement. Il fut profondément choqué par son apparence. Elle avait l'air si fragile et ses lèvres étaient absolument incolores.

« J'espère que l'air des Highlands vous préparera », dit-il ; "Vous avez l'air de ne pas avoir dormi depuis un temps indéterminé."

"Non, dors.... Je ne dors pas bien." Il y avait quelque chose de presque pathétique dans son ton. Il l'avait vue assez souvent maintenant, mais il l'avait toujours vue pleine de bonne humeur, échangeant des mots ; il la trouva plus intéressante, et il dit très gentiment : « Changer d'air fait beaucoup pour tout le monde, et cela vous fera du bien de revoir votre sœur.

"Comment est-elle?" Grace se sentit adoucie par son ton.

"Une autre personne depuis qu'elle y est allée. J'y suis allée quelques jours..." Une curieuse hésitation dans ses manières la frappa.

"J'aimerai être avec ma sœur. Je n'aimerai vraiment pas être avec quelqu'un d'autre", dit Grace, avec une amertume de ton qu'il ne put s'empêcher de remarquer.

"Pas... Mme Dorriman ?"

"Pas... Mme Dorriman !" répondit-elle en imitant la petite pause qu'il avait faite et en le regardant avec des yeux rieurs.

M. Stevens s'est levé et a regardé par la fenêtre. Grace l'a rappelé. "Es-tu venu voir comment j'allais ? Je n'ai pas l'air très robuste, mais je compte bien monter dans le Nord."

"J'espère que tu le feras."

"Mais vous avez peur ? M. Stevens, votre visage est presque aussi beau qu'un miroir. Je vois exactement à quoi je ressemble par l'expression de vos sourcils. Lorsque vous entrez dans la pièce, ils sont bien rangés et droits ; si je regarde eh bien, ils se courbent dans une sorte d'état de surprise, au point de dire : « Cette fille est une énigme pour moi, elle est en fait meilleure, qui l'aurait pensé ? Quand j'ai l'air très malade, comme je suppose que je le suis aujourd'hui, ils descendent dans une ligne mélancolique et disent aussi clairement que possible : « La pauvre elle descend très vite. »

"Miss Rivers, je suis désolé que mes sourcils soient si gênants et expressifs", dit-il en essayant de rire et en ayant absolument mal au cœur; elle lui paraissait terriblement malade, et donc absolument dépourvue de toute pensée sérieuse.

« Vous n'avez pas besoin d'être désolé, » dit-elle d'un ton étrange ; "Nous ne savons rien l'un de l'autre, et j'ose dire que je vous juge aussi durement que moi."

"À peine ! Est-ce que je te juge à peine ?"

"Vous pensez que je suis terriblement frivole et irréfléchi et... je ne peux pas penser à d'autres mots en ce moment."

"Je connais mieux votre sœur. Elle n'est pas irréfléchie : et puis-je vous dire, Miss Rivers, que plus je la connais, plus je suis abasourdi qu'elle ait jamais épousé le pauvre Drayton ?"

"Vous le connaissiez mieux que n'importe lequel d'entre nous."

"Oui, depuis son enfance. Il n'avait aucune chance. Son père et sa mère étaient cousins, et c'était la folie dans la famille. C'était terrible pour moi d'apprendre son mariage."

Grace frissonna.

"Vous n'aimez pas M. Sandford. Je me souviens avoir entendu cela. Je ne peux pas le supporter."

"Il est actuellement en très mauvaise santé."

"Cela ne change rien aux choses. Quand je pense à toute sa grossièreté et sa violence... et il me semble toujours qu'il a un grand péché sur la conscience."

Grace observa M. Stevens de très près et le vit sursauter.

Il changea immédiatement de sujet.

"Je suis venu vous payer quelque chose, Miss Rivers, voulez-vous me donner un reçu ?"

C'était un gros chèque : les intérêts sur les quinze mille livres sterling à compter de la date du mariage de sa sœur.

"Mme Drayton a refusé. Les droits d'héritage sont déduits et un compte est fermé."

Grace examina tout cela tranquillement. Puis elle tira près d'elle un buvard. Elle signa un reçu et remit le chèque à ses banquiers, sonna et demanda que la lettre soit envoyée en main propre.

M. Stevens la regardait attentivement ; comme elle était curieusement différente de Mme Drayton, et pourtant quelque chose – cette ressemblance indescriptible et subtile qui transparaît dans les manières plus que dans les traits – aurait fait que Grace soit connue n'importe où comme la sœur de Margaret. Il commença à lui décrire Inchbrae, mais elle l'arrêta précipitamment.

« Je vous prie de ne pas en parler car je le connais par cœur – Margaret n'écrit sur rien d'autre et, quant à Mme Darriman, je ne sais pas si c'est elle ou Jean qui en parlent le plus. Mer cristalline – ombres douces sur les montagnes , parfois des nuages (toujours des nuages devrais *-je* dire !) – des rochers pointus, des sapins beaux aux tiges rouges, beaux sans, une cascade, des sorbiers, des géraniums écarlates *et* une maison grise. Là, est-ce que je connais ma leçon, ou si. Moi non ? L'idée de ton début aussi !"

M. Stevens partit dans un éclat de rire, et il faisait partie de ces hommes qui riaient de gaieté, tant de gens sont bruyants et pas joyeux. Au milieu de cette hilarité, un grand jeune homme s'est présenté, avec un serveur blessé en arrière-plan agitant des mains désapprobatrices.

C'était Paul Lyons.

"Venez aussi rire, M. Lyons", dit Grace en lui serrant la main. "Si vous êtes surpris d'apprendre que M. Stevens (au fait, laissez-moi vous présenter. M. Stevens, M. Lyons; pareil au même). Oui, M. Stevens rit d'une excellente et indéniable blague faite par moi."

Paul Lyons semblait plus âgé et plus soucieux que la dernière fois qu'elle l'avait vu. Il la regarda avec une expression si grave qu'elle fut surprise. Le rire s'éteignit sur ses lèvres et elle se tut.

"Tu as été malade?"

Il parlait avec une émotion très réelle, et elle, même si elle essayait de lui répondre avec légèreté, ses efforts furent un échec. Enfin, elle dit brièvement :

"J'ai été malade et votre mère est gentille. Mon visage parle de lui-même, je suppose."

"Oui," répondit Paul, "tu n'as pas l'air bien. Mais tu vas mieux ? Tu pars ?"

"Qui vous a dit ce fait important ?"

"Ma mère. Je suis rentrée plus tôt. Je voulais te voir avant que tu partes."

M. Stevens n'a pas eu une perception très rapide, mais lorsque Paul Lyons a prononcé ce discours, il s'est rendu compte qu'il gênait peut-être son chemin.

Il se leva et, renouvelant ses offres de service, quitta la pièce, accompagné des remerciements irrésistibles de Grace.

« Parlez-moi de votre maladie, maintenant que cet homme est parti. Avez-vous été gravement malade – aussi malade que le pense ma mère ?

« Comment puis-je savoir ce que pense ta mère ?

"Oh, Grace ! ne plaisante pas tout de suite ! Je sais depuis très longtemps que tout mon bonheur est lié à toi !"

"Margaret est libre, souviens-toi."

"Qu'importe ? Pourquoi me rappeler qu'autrefois je l'aimais le plus ? Un homme ne doit-il jamais changer ? Je sais maintenant – je le sais depuis longtemps – si je pouvais seulement vous le faire croire ! que Margaret était une sorte de rêve. de ma jeunesse. Je la révérerai toujours, mais elle me dépasse trop. Elle ressemble à une sainte pure et froide, et je t'aime, Grace !

"Mais je n'ai aucune richesse à vous donner", dit Grace en le regardant sérieusement, "seulement quelques centaines par an."

Elle le regardait avec un peu d'anxiété, mais son visage montrait que cela n'avait pas d'importance.

« Je suis assez pauvre, dit-il, mais vous ne manquerez de rien si vous me donnez seulement le droit de prendre soin de vous. J'ai réussi à obtenir un rendez-vous en Italie. Je suis sûr que ce climat vous conviendra ; les médecins l'ont dit."

"Et vous avez obtenu le rendez-vous sans savoir que je dirais oui", s'est exclamée Grace, avec son ancienne manière.

"Si tu dis non, tous les endroits seront pareils pour moi."

"Oh, Paul ! dois-je te dire quelque chose ? Je t'aime, mais j'ai beaucoup de choses à te dire avant de dire oui ou non."

"Dis n'importe quoi maintenant et mets-moi hors de suspense."

" Je crois que je vivrai ; je ne suis pas très fort ; mais je suis plus fort qu'on ne le pense ; et Paul, si je dis oui, si je suis ta femme, j'ai peur que tu fasses un bien triste marché. Je ne le suis pas. une fille très aimable, et je suis capricieuse. Savez-vous de quoi j'ai peur ? J'ai toujours si peur de me lasser de mon mari.

"Grace, s'il te plaît, ne parle pas comme ça. J'ai aussi beaucoup de défauts ; tu ne penses pas que je suis parfait, n'est-ce pas ? Nous devons faire des concessions les uns aux autres."

"Je ne pense certainement pas que tu sois parfait", dit Grace en riant un peu, "mais je pense que tu devrais réfléchir. Pensez-y, Paul : une épouse délicate, pleine de caprices, pas très attirante."

"Grace, tu vas me rendre fou si tu continues ainsi. Je t'aime, ma chérie, avec tous tes caprices et tout le reste, et tu seras forte et en bonne santé en Italie. Dites clairement et immédiatement que vous va m'épouser.

"Eh bien, clairement et immédiatement, je le ferai, Paul. Je ne suis pas tout à fait sûr que la raison pour laquelle je tiens à toi ne soit pas que tu sois le seul homme à avoir jamais souhaité m'épouser, mais je ne t'épouserai que d'un seul coup." condition."

"Dans n'importe quelle condition, chérie."

"Je veux me marier immédiatement. J'ai des tas de vêtements neufs et je ne veux pas aller en Écosse et affronter le vieux Sandford sans quelqu'un pour me battre."

Paul a été surpris de constater que sa mère était ravie de son mariage.

"J'avais peur que vous vouliez que j'épouse une femme riche", dit-il, sa satisfaction sans limite devant le plaisir évident avec lequel elle reçut ses nouvelles.

"Je l'ai fait, Paul, oui ; mais Grace a quelque chose."

"Je n'ai pas grand-chose à craindre, mais j'ai ce rendez-vous, maman, et nous nous entendrons bien."

« Je suppose que ce n'est pas grand-chose ; vous a-t-elle dit ce que c'était ?

"Quelques centaines."

"Un an. Elle en gagne six ou sept cents par an."

"Oh!" dit Paul, "Je suis content, maman, bien sûr. Je suis aussi content de ne rien savoir de cela."

"Est-ce que ça aurait changé quelque chose?"

"Je ne peux pas le dire", répondit-il.

CHAPITRE VIII.

Lady Lyons était très excitée à l'idée du mariage de Grace. Elle avait de grandes idées sur ce qui était la bonne chose à faire ; et elle n'a jamais pensé un seul instant que, dans une occasion de ce genre, Grace serait volontaire ou obstinée. Elle savait qu'elle était particulière ; mais elle ne pensait pas qu'elle se laisserait aller à des idées étranges sur un mariage, et sur ce mariage, le sien.

Grace n'aurait ni gâteau de mariage, ni petit-déjeuner (dans ce sens), ni chichi, ni demoiselles d'honneur. Cela devait se faire sous autorisation spéciale et dans le plus grand calme possible.

"Mais pourquoi, ma chérie ?"

"Parce qu'il n'y a personne à qui demander."

"Nous avons beaucoup de connaissances. Je connais beaucoup de gens et il est inhabituel de se marier ainsi dans un coin."

"Je ne connais pas de coin, je dois me marier à l'église."

"Tu sais ce que je veux dire, Grace ; et c'est mon fils unique."

"Je suis désolé que vous n'ayez pas plus de fils, si vous le souhaitez, Lady Lyons."

Puis soudain, elle s'agenouilla à côté d'elle et dit sincèrement :

"Habituellement, il y a des amis pour se réjouir ; il y a une mère, des sœurs, un père, quelqu'un qui prend soin d'une fille. Ils se rassemblent autour d'elle à un moment important de sa vie ; mais, Lady Lyons, il n'y a pas au monde de personnes qui se réjouissent. Il existe une fille plus abandonnée que moi. Ce serait une moquerie de convoquer des connaissances et de les appeler amis. Que savent-ils de moi ou de votre fils ? J'ai pensé, jusqu'à en avoir assez de penser, qui est là pour me trahir ? Je ne pense à personne : je devrai emprunter un père pour l'occasion et je ne sais pas où j'en trouverai un.

"Ma chère Grace, vous dites des choses tellement étranges !"

"Vraiment ? Je dis la vérité, cela semble peut-être étrange."

"Je n'ai pas du tout l'impression que ce serait un mariage."

"J'espère que ce sera un mariage, même s'il n'y aura pas d'invités ; et, sans invités pour le manger, pourquoi avoir un gâteau de mariage ?"

"Pour en renvoyer, et à quoi ça ressemble. Vous ne semblez pas y penser."

"Qui doit surveiller ? Il ne doit y avoir personne. Moi-même, je n'aime pas le gâteau de mariage, même si j'aime la pâte d'amande, et si vous en mangez, vous seriez malade pendant des semaines."

Lady Lyons ne devait pas être consolé. Elle en a parlé à Sir Albert (qui était toujours détenu en ville) et il a essayé de sympathiser avec elle. Puis il parla à Grace :

"Si les gens venaient, pas ici, mais à l'église, cela ne vous dérangerait pas ?"

"Comment puis-je empêcher les gens d'aller à l'église ?"

"Et qui doit vous trahir ?"

"Je ne sais pas ; j'ai dit à Lady Lyons que j'avais l'intention d'emprunter un père pour l'occasion."

"Comment Sir Jacob s'en sortirait-il ?"

"Ils n'ont jamais été près de nous, même s'ils ont fait tant d'histoires à notre sujet. Bien sûr, ce n'est pas *sa* faute, mais je ne lui demanderai pas."

"Il serait plus gentil de penser à quelqu'un, alors s'il vous plaît, Lady Lyons."

"Mais, gentil ou pas gentil, je ne peux penser à personne."

" Il y a quelqu'un que je connais ; il est très gentil et ce serait plus agréable pour vous. "

" Ce serait bien mieux si je connaissais quelqu'un. Je pense que les filles sont enviables qui ont des parents et des amis ; je n'en ai pas. "

"Si je trouve quelqu'un, seras-tu gentil ?"

"Je serai très gentil : aussi gentil que je sais l'être. Lady Lyons aimerait quelqu'un un peu avant tout le monde. Elle pense que le mariage de Paul est une chose très importante."

"Si je peux, je m'arrangerai. J'étais tellement provoqué de ne pas m'enfuir, maintenant je suis content."

"Oui, je suis la sœur de Margaret."

"Tu dis qu'elle ne vient pas ?"

"Elle a proposé et j'ai refusé. A quoi bon un long voyage ? Je vais ensuite vers le nord."

"Et tu dois m'écrire ?"

"Si Paul n'est pas jaloux", et elle rit.

Puis il a dit au revoir.

Ce soir-là, Lady Lyons s'inquiétait beaucoup de tout en général, et de cette difficulté imminente en particulier, lorsqu'une note destinée à Grace fut apportée. Elle venait de la duchesse.

" CHÈRE MISS RIVERS ,

" Mon neveu dit qu'en raison de l'absence de votre sœur, vous aimeriez vous lier un peu d'amitié le jour de votre mariage. Le duc me prie de vous dire qu'il vous trahira avec plaisir, et comme Lady Lyons est la fille du jeune homme. mère, je t'appellerai et je t'emmènerai à l'église.

"Comme vous êtes sage de ne pas avoir de demoiselles d'honneur ni de petit-déjeuner. J'aimerais que les autres filles soient aussi sensées. Croyez-moi, chère Miss Rivers,

"Votre serviteur,

" KATHERINE MALLINGTON ."

Grace remit la note à Lady Lyons sans commentaire.

"Le serviteur de Sa Grâce attend de voir s'il y a une réponse", dit le serveur très respectueusement.

Grâce a écrit,

" CHÈRE DUCHESSE DE MALLINGTON ,

"Vous êtes très gentil et je vous remercie beaucoup, vous et le duc. Oui, je vous serai très reconnaissant de m'avoir ainsi traité d'amitié; c'est bien de votre part, qui me connaissez si peu; bien sûr, c'est aussi bien de votre neveu.

"Votre serviteur,

" GRACE RIVERS ."

« Ma chère Grâce, tout est maintenant arrangé de la manière la plus délicieuse, » dit Lady Lyons ; "Maintenant, ce ne sera plus dans un coin."

"L'endroit n'a pas changé", a déclaré Grace. "Je te l'ai déjà dit, je ne parlais pas d'un corner."

"Vous prenez tout comme une évidence", dit Lady Lyons avec irritation.

"Comment dois-je prendre les choses ? Dois-je rire ou pleurer ? Dites-moi quelle est la bonne chose à faire ?"

"Vous pourriez être un peu content."

"Je suis très content. Je pense que la duchesse est très gentille."

"Elle a dû prendre goût à toi, ma chère."

"Je ne pense pas. Je soupçonne qu'elle ne me connaît pas de vue."

"Alors pourquoi faire ça ? Qu'en penses-tu toi-même ?"

"Je pense que c'est tout pour Margaret."

"Et elle ne l'a jamais vue ! Ma chérie, tu es vraiment trop ridicule !"

"Non, Lady Lyons ; ne voyez-vous pas comment les choses se passent réellement ? Sir Albert savait à quel point vous déploriez mon manque d'amis et il a fait cela pour moi."

"Mais pourquoi, ma chère, pourquoi ? C'est ce que je veux savoir", et Lady Lyons parut perplexe.

" Ah, c'est vraiment très curieux ", dit Grace gravement. Et Lady Lyons, qui avait déclaré dès le début qu'elle pensait avoir une robe tout à fait assez belle, alla consulter sa femme de chambre à ce sujet.

Elle trouva sa servante en extase devant une très belle soie sombre de couleur prune, très à la mode quoique discrètement confectionnée, avec un bonnet et un manteau assortis, "Avec l'amour de Grace" par-dessus.

"Oh, ma chérie, comme c'est adorable ! Je suis vraiment désolé d'avoir dit cela à propos d'un coin. Un coin, en effet ! comme c'est gentil, comme c'est attentionné de ta part ! Je ne peux pas supporter de prendre un si beau cadeau de ta part."

"Vous devez apprendre à accepter de nombreux cadeaux de votre nouvelle fille", dit Grace, mais quelque chose dans son ton frappa Lady Lyons.

« Vous avez pleuré », s'est-elle exclamée ; "Qu'est-ce qu'il y a, ma chérie ? que s'est-il passé ?"

"Rien ne s'est produit, mais j'ai une lettre de Margaret, une lettre très chère, et je n'ai pas pu m'empêcher de comparer mon mariage avec le sien, car j'aime Paul, Lady Lyons, et tout est différent."

"Très différent", dit Lady Lyons, et elle soupira avec sympathie ; "et M. Drayton n'avait aucune position, ma chère ; il n'était qu'un fabricant."

"Oh, Lady Lyons, comme vous êtes absurde !" » dit Grace, les larmes toujours debout dans ses yeux, même si elle riait de bon cœur ; "C'est génial, ces jours-ci, de parler ainsi ! Eh bien, tous nos esprits dirigeants au Parlement et en dehors ne sont que des fabricants ; ils ont la balle à leurs pieds maintenant."

« Ma chère, vous avez une manière de présenter les choses que je ne peux jamais suivre », dit la pauvre Lady Lyons ; "Maintenant tu parles d'un ballon, c'est vraiment très déroutant."

"Eh bien, je vous demande pardon encore et encore", a déclaré Grace, "et j'essaierai de ne pas dire de choses déroutantes."

"Merci, ma chère", dit très chaleureusement Lady Lyons, qui considérait cela comme une grande concession.

"Maintenant, je dois être ta fille", dit la jeune fille, avec le désir naturel de recevoir un peu d'affection et de gentillesse tout à l'heure, "tu vas essayer de m'aimer , de m'aimer un peu." Elle regarda avec nostalgie Lady Lyons, qui était touchée et tout à fait fondue par cet appel.

"Je suppose", dit-elle très naïvement à Grace, qui s'était retournée pour quitter la pièce, "que j'ai aussi des choses sur moi, des particularités qui demandent de l'indulgence."

"Vous êtes très bonne", dit Grace, éludant la question, "et je veux être une bonne épouse pour Paul, vous le croyez ?"

"Oh, oui, ma chère, en effet, vous avez dit cela très joliment ; j'aurais souhaité que ce soit Margaret, mais maintenant je pense que vous aimerez savoir que je suis tout à fait réconciliée. Ensuite, il y a la duchesse et ma nouvelle robe. !"

Grace rit un peu et la quitta.

Elle a verrouillé sa porte et a relu la lettre affectueuse et sérieuse de Margaret.

Après avoir discuté de la nouvelle de son mariage, elle a déclaré :

"Maintenant, Grace, ma chérie, je veux que tu réfléchisses, réfléchissiez plus dans la prière que moi, à ce sujet. Si vous n'aimez pas Paul Lyons, ne vous souciez pas des discours désagréables qui peuvent être tenus, mais ne continuez pas ainsi. Je viendrais vers toi, chérie, à tout moment, et je pourrais te faire un foyer quelque part, mais ne le fais pas si j'avais eu un avertissement si solennel. J'aurais peut-être été sauvé."

Il y avait davantage dans le même sens ; chaque mot, chaque ligne montrait par son intensité quelle agonie de douleur, de honte et de misère elle avait elle-même endurée.

Des larmes chaudes coulèrent sur les mains de Grace tandis qu'elle lisait la lettre et elle se jeta à genoux.

"Pourquoi devrait-elle souffrir et pas moi ?" s'écria-t-elle, "et j'attends le bonheur avec impatience. Puis elle a prié longuement et avec ferveur, non pas pour le bonheur et les bénédictions mais pour le pardon !"

"Je ne serai vraiment heureuse que quand je saurai qu'elle a oublié", se dit-elle, et elle savait que cela signifiait quand Sir Albert Gerald avait gagné sa sœur.

Le soleil brillait brillamment le jour du mariage de Grace. Elle était calme et posée. Lorsque Lady Lyons la félicita pour son attitude, elle dit gravement :

"Je ne perds rien, je ne laisse personne et je gagne beaucoup."

La duchesse l'embrassa et Lady Lyons s'avança un peu. Elle avait la vague idée qu'elle pourrait être également honorée, mais elle fut déçue ; cependant il y avait le registre signé par le duc et la duchesse, *qui* passerait à la postérité à propos de son fils, et c'était toujours beaucoup.

Alors que le petit groupe quittait l'église, ils furent accueillis par Lady Penryn.

"Oh, vilaine fille !" dit-elle d'un ton enjoué. "Espèce de gentille chose ! Où étais-tu pendant tout ce temps ? Elle n'a pas l'air mignonne ?" faisant appel à la duchesse qui, décédée, ne fit plus attention à elle.

Elle reçut un accueil froid même de la part de Lady Lyons ; mais elle ne devait pas se laisser intimider ; posant une main retenue sur le bras de Grace, elle dit :

"C'est une bonne chose pour que des amis se connaissent ; la duchesse, ma chère, me présente."

"Permettez-moi de vous présenter M. Lyons", dit Grace avec beaucoup de sang-froid, et elle monta dans la voiture avec Paul.

La dame déconfite ne reçut aucun réconfort de la part de son mari.

« Si seulement j'avais su qu'elle était ce genre de fille, » dit-elle amèrement ; "J'ai toujours pensé qu'elle n'était personne, et la duchesse l'a trahie !"

"Son père était très gentil avec mon pauvre garçon. Je ne connais rien de son peuple, mais c'était un parfait gentleman. Je n'ai jamais pu comprendre pourquoi vous ne prêteriez jamais la moindre attention à la fille. Cependant, la chose est maintenant faite et ne peut être réparée. ".

Il ne dit pas à sa femme qu'il avait envoyé à Grace un magnifique bracelet et une lettre aimable et paternelle, lui proposant de lui être utile.

Elle comprenait même s'il ne disait rien de sa femme ; et, évitant toute mention de Lady Penryn, elle le remercia chaleureusement et lui parla de la duchesse et de sa gentillesse. Paul Lyons a emmené sa femme en Écosse et à Inchbrae.

Grace vit elle-même la clarté de la mer, la beauté des couleurs, tout ce charme capricieux qui rend les Highlands si belles et si chères à ses habitants.

"Je crois savoir pourquoi tu tiens à moi", dit-elle à Paul un jour qu'ils étaient en promenade, elle à cheval et lui à pied à côté d'elle. "Je comprends, depuis que je suis ici, combien il est délicieux de ne jamais savoir à quoi s'attendre. Je regarde par la fenêtre le matin et je vois le soleil et le ciel bleu, et une mer dans laquelle se fondent et se mélangent mille couleurs délicates. Une demi-heure après, il y a des nuages, mais tout est calme, la lumière et le soleil semblent derrière, et impatients de ressortir. Ensuite vient l'obscurité, le bleu devient indigo, la mer devient grise et maussade. et ainsi c'est toujours nouveau, et personne ne peut jamais s'en lasser. Maintenant, Paul, c'est ce que je conçois comme mon charme à tes yeux, je ne suis jamais tout à fait le même, et c'est pourquoi j'espère que tu ne seras jamais fatigué. de moi!"

Margaret était de bien meilleure humeur et avait tellement l'air d'être elle-même que Grace était plus heureuse pour elle ; mais pas tout à fait heureuse, dit-elle à Paul,

"Jusqu'à ce que quelque chose arrive qui arrivera———"

"Et jusqu'à ce que cela arrive (dont je ne sais rien), je ne dois poser aucune question ?"

" Vous pouvez en demander des centaines, je ne répondrai à aucune. Savez-vous, Paul, qu'une chose en rapport avec notre mariage m'a terriblement pesé sur l'esprit, dois-je vous *le dire* ? "

"Je t'en prie, chérie, à moins que ce ne soit quelque chose de très peu élogieux."

"Je me demandais de quoi deux personnes, obligées de vivre toujours ensemble, pourraient trouver un sujet de conversation. J'avais tellement peur de trouver votre conversation monotone et de ne pas pouvoir être à la hauteur."

"Je peux vous dire qu'il y a longtemps - avant de vous connaître - je me suis souvent demandé de quoi les gens mariés pourraient trouver à parler toute leur vie ; depuis que je vous connais, je n'ai pensé qu'à quel point ce serait délicieux de vous avoir à qui parler, tous le mien," dit simplement Paul.

Les larmes lui montèrent aux yeux. « Vous êtes très bon pour moi, » dit-elle ; et puis ils sont entrés.

Pour Mme Dorriman, Grace était « aussi gentille qu'elle pouvait l'être », et le quatuor était heureux ensemble, mais les conséquences du passé laissaient leur trace dans une certaine contrainte. Si Grace était restée malade et seule, le cœur de la bonne petite femme se serait davantage tourné vers elle, mais elle pensait (comme nous le pensons souvent) qu'il y avait une certaine injustice dans le fait que Grace soit si heureuse, tandis que Margaret, tout pour elle (à cause de son caractère impatient et d'autres défauts) dut ressentir amèrement les conséquences d'une grande erreur, commise entièrement à partir d'une fausse conception de ce qu'elle devait à sa sœur.

Margaret oubliait, mais elle a vécu de nombreux moments terribles. C'est un des nombreux exemples de cette compensation qui est la règle dans la vie, malgré toutes les affirmations contraires, qu'un grand don – le grand don de poésie et d'imagination – s'accompagne souvent de morbidité.

La note la plus aiguë est souvent celle qui se désaccorde le plus ; et la vivacité et la grâce mêmes de l'imagination – cette combinaison qui fait vivre un poète dans un monde qui lui est propre – a souvent son côté le plus sombre.

Margaret vivait encore, parfois, ses vieilles terreurs, s'imaginant encore que la voix de son enfant l'appelait. Elle restait silencieuse sur ces choses. Chaque douleur qu'elle souffrait serait un souvenir pour Grace. Grace, qui était si douce et pourtant si brillante, et qui lui semblait si complètement maintenant la sœur qu'elle avait autrefois imaginée.

Mme Macfarlane a toujours été une amie qu'ils étaient heureux de voir, mais c'était Grace qui parlait avec satisfaction de leur absence de société, et peut-être rien n'a-t-il davantage convaincu Mme Dorriman à quel point elle était complètement transformée. Ils ne devaient pas rester longtemps, ces deux-là ; Paul n'avait pas de congé très long et voulait emmener sa femme dans le sud. Avant leur départ, un jour, Mme Dorriman, qui avait toujours ce sentiment à propos de Margaret et de l'injustice de sa souffrance à cause de la faute de Grace, voulut dire un mot. Elle pensait que c'était bien et elle était résolue à le faire.

"Je suis très heureuse que tu sois heureuse, Grace", commença-t-elle, la veille de leur départ.

"Merci, ma tante ; c'est très gentil de le dire ; je suis très heureuse."

"Cela semble étrange ; bien sûr, nous savons tous que tout ce qui est est juste, mais ne semble-t-il pas étrange que la pauvre Margaret ?..."

« Qu'y a-t-il d'étrange chez la pauvre Margaret ?

"Que tu sois heureux et qu'elle... souffre ainsi."

"Oui, tout est étrange dans ce monde", répondit Grace; "du moins nous le pensons."

"Je suis sûr que, parfois, tu dois ressentir tout cela très fort, même si tu as l'air comme si les soucis et les ennuis ne t'avaient jamais touché."

« Est-ce que vous considérez cela comme un crime ? » demanda Grace d'un ton particulier.

"Je me demande parfois si tu t'en veux un jour." Le ton de Mme Dorriman était, pour elle, sévère.

"Je suppose que nous le faisons tous parfois."

"Eh bien, ça semble difficile."

« Que nous devrions nous blâmer ? »

"Tu sais que je ne veux pas dire ça."

"Non," répondit Grace très lentement, et la regardant avec une sorte de surprise sur le visage ; "Je sais ce que tout cela signifie ; vous tournez très mal autour du pot, Mme Dorriman."

"Maintenant, je vous ai offensé depuis que vous m'appelez Mme Dorriman."

"Vous m'avez offensé", dit Grace avec véhémence, "parce que vous me donnez le mérite d'être absolument sans cœur et cruel, et de manquer d'affection ; vous pensez que, parce que je suis heureuse maintenant, j'ai oublié. Je n'ai rien oublié ! Je je m'en veux ! Je sais aussi bien que vous pouvez me dire que mon égoïsme, mon impatience et tout le reste ont rendu Margaret malheureuse jusqu'à récemment, et toutes ses souffrances me pesaient terriblement, mais maintenant que je vois le bonheur pour moi ! son apparition au loin, je me permets d'être heureux. Ce n'est que lorsque je l'ai bien vu que j'ai consenti à épouser Paul et à être heureux moi-même !

"Bonheur pour Margaret ! Je ne vois devant elle que le chagrin perpétuel pour son enfant."

"Je vois quelque chose de plus. Elle regrettera toujours son enfant, mais, même s'il y a tant d'amertume mêlée au souvenir de sa mort, elle apprendra à penser avec plus de joie même à sa perte. Ne vous est-il jamais frappé que, il a vécu, il a dû y avoir une horrible anxiété à son sujet.

"Elle ne le verra jamais sous cet angle."

"Tu as tort, car hier soir je l'ai vue lire quelque chose, et j'ai vu que ça l'avait émue étrangement." La propre voix de Grace faiblit un instant ; Se reprenant rapidement, elle dit : « Il s'agissait de la myopie de pleurer trop profondément une perte et de ne pas penser qu'il s'agissait d'une miséricorde voilée, car elle était souvent retirée du mal à venir. Nous en avons parlé plus tard dans la nuit, et Je connais ses pensées, ma tante, maintenant.

"J'espère que vous avez raison", a déclaré Mme Dorriman, et elle a laissé tomber la conversation.

Grace pensait qu'elle ne devrait jamais oublier la nuit précédente, quand elle et Margaret s'étaient tenues ensemble d'une manière qui leur ressemblait à l'ancienne. Cela avait été merveilleusement calme et immobile ; la lune, si brillante qu'ils auraient pu lire à sa lumière, brillait sur la mer, transformant sa surface ondulante en argent ; la douce lumière, qui pourtant produit des ombres si nettes et si sombres, était sur les collines. De temps en temps, un curieux petit grognement venait d'en bas, là où les vagues clapotaient et éclaboussaient doucement les rochers. Ces vagues semblaient retenues par une main retenue, tant elles étaient silencieuses. Un engoulevent poussa son cri bizarre et quelques hiboux hululèrent ; les arbres semblaient n'avoir rien à dire, leur bruissement habituel était, pour le moment, apaisé. Les sœurs, à leur manière, ont ressenti la grande beauté de tout cela. Margaret s'était rapprochée de Grace, et celle-ci lui fit une caresse affectueuse. Ces nuits touchèrent une corde sensible chez Margaret, cette merveilleuse sympathie qui existe entre un poète et la nature remplit son cœur à débordement ; et Grace, adoucie par l'affection de son mari, un avenir plus heureux à espérer, était assez enthousiaste pour la faire sortir un peu.

Elle commença à parler du ciel et de son enfant.

"Par une telle nuit, Grace, il règne une paix indescriptible, et pourtant ces influences disparaissent et les regrets nous pèsent."

"C'est naturel", dit doucement Grace; " mais je sens parfois qu'en pensant à un petit enfant, il faut adoucir les regrets. Quitter le monde avant qu'il n'ait été tenté, avant qu'il ait péché, avec l'avenir dans ce monde, les épreuves toutes inconnues ; vous Je ne sais pas, chérie, ce qui a pu être sauvé.

« Vous ne savez pas combien de fois cette pensée me réconforte, » dit Margaret très sincèrement ; "S'il avait vécu, on aurait pu craindre perpétuellement une malédiction héréditaire. Non, ce qui me trouble maintenant, dans mes moments de tristesse, dans ces humeurs plus sombres contre lesquelles je dois parfois lutter, ce sont mes propres reproches."

"Et ma chère Margaret, si vous souffrez de reproches, que dois-je faire ?" demanda Grace avec la plus sincère tristesse.

"Pas à propos de mon mariage, Grace ; aussi mauvais qu'il ait été, il a entraîné sa propre rétribution : mais je me reproche amèrement maintenant de ne pas avoir lutté contre la position dans laquelle j'ai été mis. En regardant en arrière maintenant, je ne peux m'empêcher de voir qu'il y avait beaucoup de choses que j'avais eues. J'aurais pu faire. J'avais tellement peur que mon enfant me soit enlevé. J'ai laissé cette peur paralyser mes sens, j'aurais pu faire appel à M. Sandford, et j'aurais fait beaucoup de choses que je sais maintenant : et cela l'aurait fait. ça allait mieux pour *lui* ; mais je vivais simplement pour mon petit ; mes sens semblaient engourdis dans tous les sens sauf pour celui-là, je priais pour lui seul, je redoutais les choses pour lui, et je l'adorais ; m'a été enlevé... Si seulement je savais que cette petite vie n'avait pas été sacrifiée à la négligence, je pourrais m'en souvenir plus heureusement, mais c'est dans cette peur que réside l'amertume de ma perte.

"Alors vous vous en souviendrez peut-être plus heureusement", dit Grace avec émotion, "parce que ce médecin de Londres m'a dit que le petit enfant n'aurait pas pu être sauvé ; il avait quelque chose de très délicat et il avait une tête de forme très étrange. ".

"Alors je peux dire que Dieu est très bon", dit Margaret, si bas que Grace pouvait à peine l'entendre.

Elle recommença bientôt à parler du paysage qui les entourait et de Mme Dorriman.

"Il y a quelque chose, une certaine peur qu'elle a. Je n'ai aucune idée de ce que c'est, mais ce qui est curieux, c'est qu'elle oublie parfois si complètement ; puis quelque chose le ramène devant elle. Je l'aime tendrement, et j'aimerais qu'elle soit parfaitement heureux."

"Je pense que c'est une chère vieille chose", répondit Grace; "mais elle me fait toujours penser à un lierre ou à une plante grimpante que le vent a emporté de son support. Elle est de ces femmes qui doivent avoir quelqu'un à qui s'accrocher, même si ce quelqu'un est tyrannique et dur comme son frère."

"Pourtant, à sa manière, il a été gentil avec nous."

"Tout à fait à sa manière", dit Grace avec ressentiment.

"J'ai un faible pour M. Sandford", dit Margaret d'un ton plutôt rêveur.

"Tu as généralement de belles fantaisies sur la plupart des gens, chérie ; dis-moi tes fantaisies."

"Tu vas seulement rire ?"

"Je jure de ne pas rire."

"Tu ne l'aimes pas plus que moi."

"Je suppose que oui, mais sais-tu, Margaret, que depuis que je suis plus heureuse, je veux dire depuis que j'ai eu tellement d'affection de la part de mon mari et que je ne me suis pas sentie comme un bateau sans rames ni gouvernail, ou quoi que ce soit qui le dirige. , je me sens de plus en plus gentil envers tout le monde, même envers lui. Je suis tout à fait convaincu que si quelqu'un me laissait une grande fortune, je deviendrais un exemple frappant d'une amabilité irrésistible.

"C'est un problème que je ne pourrai jamais résoudre. Je me demande souvent si c'est l'épreuve ou la prospérité qui adoucit le mieux les gens."

"Cela dépend du matériau ; rien ne vous ferait de mal ; mais pour moi, je suis une sorte d'acide, et plus d'acide fait de moi un explosif."

"Ce que je pense de M. Sandford, c'est qu'à un moment de sa vie, peut-être quand il était très jeune, il a souffert, et cruellement souffert, d'une terrible injustice."

"Un autre cas d'acides mélangés et explosant", dit Grace en riant ; "il est dans un état d'effervescence perpétuelle."

"Non, mais sérieusement, Grace, il a beaucoup de bon en lui, et son dévouement envers sa femme montre qu'il a une affection chaleureuse quelque part, et il a toujours été gentil avec moi."

"Tu gagnes tout le monde, même Paul. Je sais bien que tu as été sa première grande passion et, curieusement, je ne suis pas jaloux."

"Qui parle de jalousie ?" » dit une voix d'en bas, et Paul, son cigare presque terminé, passa sous la fenêtre.

"Je dis simplement, ma chère", dit Grace avec son accent le plus attendrissant, "que, même si tu as été follement amoureux de Margaret, je ne suis *pas* jaloux."

Et en riant, Grace s'est enfuie dans sa propre chambre. Margaret resta à la fenêtre. Elle était émue par ce que Grace lui avait répété à propos de son enfant ; oui, mieux vaut l'avoir perdu ici que de l'avoir vu là....

Et Grace était vraiment très heureuse. Paul était très gentil et bon, et il y avait maintenant plus de virilité en lui qu'elle ne l'aurait jamais cru capable ; et pourtant, se disait-elle, pour qu'elle puisse donner tout son cœur, avoir pour quelqu'un une telle affection, comme Grace avait pour son mari, il fallait des qualités supérieures.

Elle doit chercher davantage, elle doit avoir de l'aide et quelqu'un en qui elle pourrait trouver un moi meilleur et plus noble.

Et dans les influences adoucissantes de cette heure et de cette scène, une vive rougeur lui monta au visage, et elle se dit qu'il y en avait déjà une ; et que son cœur, si brisé qu'il avait été, et si cruellement qu'elle avait souffert, n'était pas désespérément aigri. Elle savait qu'elle pouvait aimer, puis elle soupira. De grosses larmes lui montèrent aux yeux et roulèrent lentement sans contrôle sur son visage, un soudain frisson de passion et d'espoir la traversa, et elle sut qu'elle aimait !

Le lendemain matin, Grace se sépara, mais ce fut une séparation dans laquelle elle ne laissa apparaître aucun chagrin.

Elle a complètement déconcerté Mme Dorriman en lui disant : « Vous aurez bientôt, je l'espère, de très bonnes nouvelles à m'envoyer.

"A propos de quoi, ma chérie ?" et le visage de la pauvre Mme Dorriman exprimait la plus grande perplexité.

« De tout, en général, » dit Grace ; "Ne vous souciez pas de comprendre maintenant, vous le comprendrez un jour ; et tout ira bien."

Lorsqu'elle et Paul eurent fait un dernier adieu, Mme Dorriman resta debout à regarder par la fenêtre jusqu'à ce que la voiture ne devienne qu'un point à l'horizon.

"Je me demande ce que Grace voulait dire, Margaret, mon amour ? Elle dit parfois des choses si étranges. As-tu entendu ce qu'elle m'a dit tout à l'heure ?"

"Je ne pense pas savoir de quoi vous parlez en particulier, chère tante ; Grace dit tellement de choses étranges."

" Elle espérait que j'aurais bientôt de très bonnes nouvelles à lui envoyer. Maintenant, ma chère, quelles nouvelles puis-je lui envoyer d'ici ? C'est vraiment un dicton très étrange et je suis assez perplexe. "

"Ne vous étonnez pas ; Grace dit souvent des choses qui n'ont aucun sens."

"Mais qu'en penses-tu, Margaret ? Tu la connais bien mieux que moi. A quoi penses-tu en ce moment ?"

"Je me demande s'il va pleuvoir", dit Margaret avant de se détourner en riant.

" Comme si j'avais parlé de la météo ", dit la pauvre petite femme. Mais Margaret avait quitté la pièce.

CHAPITRE IX.

De nos jours, à moins que les aventures ne prennent la forme désagréable d'accidents, rien ne risque de survenir lors d'un voyage entre le nord de l'Écosse et le sud de l'Angleterre qui puisse gâcher la sérénité de l'humeur.

La grâce, soigneusement chérie tout au long du voyage, a voyagé avec une satisfaction suprême. Elle voyait au loin, pas très loin, le bonheur de Margaret. Elle aimait chaque jour davantage son mari, en échange de l'affection qu'il lui prodiguait, et elle n'avait plus aucun des soucis auxquels elle n'était autrefois pas étrangère.

Il n'y avait qu'un nuage à l'horizon, et le seul inconvénient de son parfait bonheur résidait dans ce fait. S'il grandissait, cela pourrait gâcher son bonheur dans une certaine mesure, et la crainte que cela puisse se produire la troublait lorsqu'elle s'en souvenait.

On se souvient que ni Margaret ni elle-même n'avaient conçu une très haute opinion de M. Paul Lyons dès leur première connaissance ; en effet, Margaret avait eu beaucoup à faire pour se résoudre à penser avec joie qu'il était le mari de Grace ; puis, au fil de nouvelles connaissances, elle commença non seulement à l'apprécier, mais à reconnaître qu'il y avait beaucoup de mérite chez le jeune homme, et elle fut reconnaissante que sa sœur soit tombée entre des mains si excellentes et si aimables.

Grace avait été conquise par l'affection qu'il lui portait et par l'admiration qu'elle inspirait, mais elle n'avait pas une très haute opinion de son caractère, et cela ne la troublait pas le moins du monde. Elle s'est toujours opposée aux idées « de haut vol » de sa sœur et, si on le lui avait demandé, elle aurait répondu que son mari n'aspirait à rien de très grand en termes d'intellect ou de sentiment, mais qu'il en avait bien assez pour cela. monde de travail quotidien, et plus que suffisant pour *elle* . C'était donc une surprise quotidienne pour elle de constater que, même dans les petites choses, son mari avait des normes beaucoup plus élevées qu'elle. Cette découverte était surprenante ; elle sentait qu'elle devait prendre garde à ne pas perdre sa bonne opinion. Puis un jour, il parlait de Margaret et du fait qu'elle s'était débarrassée de tout l'argent de son mari, et Grace en rit un peu. Elle était étonnée de l'opinion qu'il en avait; il était assez véhément à ce sujet.

"Je ne peux pas le voir à votre manière", avait dit Grace. "Il me semble que, puisque la pauvre Margaret a épousé cet homme, elle avait parfaitement droit à tout ce qu'il voulait lui laisser."

"Je suis désolé de t'entendre dire ça, même pour m'amuser (je sais que tu n'es pas sérieux). Je n'aurais jamais dû penser à Margaret de la même manière si elle avait agi différemment."

"Mais, Paul, *pourquoi* ? Margaret a horriblement souffert et s'est comportée comme un ange. Pourquoi n'en tirerait-elle aucun bénéfice ?"

"Ce n'est pas une chose à discuter, c'est une chose que l'on ressent", répondit-il ; "et je suis très triste, chérie, que tu fasses semblant de penser différemment." C'était agréable ; puis Paul poursuivit : « Je ne parviens pas moi-même à comprendre ses motivations ; mais d'après la façon dont j'ai lu l'histoire de sa vie, elle était, pour une raison quelconque, désireuse de vous faire un foyer — ainsi vous me l'avez dit — et s'est précipitée dans le pays. gratter, et s'est repentie depuis. Les filles sont si curieuses. Je suppose qu'elle avait l'indépendance que vous avez ; alors je ne vois pas où était le bien de tout cela. Puis, quand elle a découvert ce qu'elle avait fait, sa nature meilleure et plus élevée a prévalu. , et elle a donné l'argent."

"Tu penses vraiment que c'est mal de bénéficier d'une manière ou d'une autre de l'argent de cet homme ?" » demanda Grace, horriblement consciente et se sentant très mal à l'aise ; "En supposant, Paul - en supposant seulement - que j'en avais bénéficié, m'auriez-vous blâmé ?"

« Ne posez pas de questions aussi absurdes, » répondit-il sèchement ; " Cela ne vous ressemble pas du tout d'avoir fait une chose pareille. Ne voyez-vous pas que, dans un sens, d'une certaine manière, c'est presque comme l'argent du sang ? Imaginez-vous être le meilleur pour quelque chose de ce genre ! " Je crois que l'argent apporterait une malédiction et non une bénédiction !"

Grace éprouva un sentiment de reproche aigu et misérable ; elle craignait maintenant que son mari ne l'apprenne, et elle savait que la perte de son estime lui serait terrible. Lui et Margaret pensaient tellement la même chose ; que pouvait-elle faire ?

Sa nomination valait quelques centaines par an, et les six cents par an qu'elle recevait étaient pris en compte pour régler leurs dépenses.

Chaque fois qu'on parlait de l'avenir, cette misérable idée la hantait. Lorsque Paul lui conseillait d'acheter quelque chose, chaque fois qu'il était question d'argent, il y avait ce poids constant sur son esprit, et ce qui était étrange pour elle-même, c'était que maintenant elle commençait à voir un peu comme lui, et elle ne pouvait plus comprendre. comment elle s'était réconciliée à l'accepter, comment elle avait pu revendiquer avec autant de complaisance son droit à cet argent.

Paul lui avait proposé, la pensant sans le sou, et la petite fortune avait été une joyeuse surprise. Comme elle aurait souhaité maintenant ne jamais avoir rien à voir avec ça !

Mais elle ne voyait pas comment s'en sortir. Elle savait que si elle parlait à Margaret, Margaret se passerait de tout et l'aiderait, mais c'est précisément pour cette raison qu'elle ne pouvait pas lui parler.

Paul voyait que sa femme n'était pas aussi brillante que d'habitude, mais il la trouvait fatiguée et pleine d'une sollicitude affectueuse. Chaque attention qu'il lui prêtait, chaque mot aimable qu'il prononçait lui procurait un serrement de cœur supplémentaire.

Ils dormirent deux nuits pendant le voyage, car Grace devait toujours faire attention, et moins d'une heure après Londres, M. Stevens monta dans la voiture.

Grace le vit entrer avec une certaine appréhension. L'horrible pensée lui vint à l'esprit qu'il pourrait peut-être faire référence d'une manière ou d'une autre à des investissements ou à quelque chose qui pourrait amener son mari à se renseigner. Elle ne pouvait répondre qu'en disant la vérité. À son immense soulagement, Paul dit : « Comme vous avez quelqu'un à qui parler maintenant, je vais aller fumer », et en disant cela, il la laissa avec M. Stevens.

Grace sentait que c'était maintenant ou jamais son opportunité. Avant que M. Stevens ait pu regarder autour de lui, elle s'exprima avec une rapidité et une véhémence qui l'étonnèrent. Quand il comprit enfin, il entra pleinement dans tout cela.

"Votre mari a tout à fait raison, je devrais avoir le même sentiment", dit-il.

"Cela ne fait qu'empirer les choses pour moi", dit Grace en rougissant, "mais peut-être n'avez-vous jamais eu ma tentation ; vous n'avez jamais été dépendant des autres, presque sans le sou."

"Sans le sou, oui ! Dépendant, non !" il a répondu: "puisque je pourrais travailler pour gagner ma vie".

"M. Sandford a dirigé mon sort et celui de Margaret", répondit Grace, "et on n'y a jamais pensé; mais j'aimerais - oh! comme j'aimerais - savoir quoi faire. M'aiderait-il?"

"M. Sandford est la seule personne qui pourrait vous aider", a déclaré M. Stevens ; "Un appel franc à lui pourrait être très bénéfique, et mon conseil est de ne pas cacher votre problème à votre mari; faites-le-lui savoir; moins il y a de secrets entre les gens mariés, moins ils sont susceptibles d'être en désaccord."

"Je lui dirai un jour", répondit Grace, "mais je me suis très mal comportée envers M. Sandford : il n'a aucune raison de m'aimer."

"C'est un homme contre lequel il y a beaucoup à combattre, mais c'est un homme généreux. Il ne rechigne jamais à l'argent, et il ne peut que dire qu'il ne peut rien faire. J'espère que vous avez bien quitté Inchbrae", dit-il avec un air résolu. se détourner du sujet.

"' *Tous* ' comprenant Mme Dorriman et ma sœur", rit Grace, se ralliant au moment où ses problèmes furent cachés.

" Ah ! j'y vais la semaine prochaine pour rencontrer M. Sandford ; il y a encore quelque chose à arranger entre nous. "

"Alors," demanda Grace, "ne pourriez-vous pas dire quelque chose pour moi ? Ne pourriez-vous pas parler à M. Sandford pour moi ?"

"Je pourrais, certainement, mais M. Sandford ne m'aime pas, et après tout, pour parler clairement anglais, Mme Lyons, que peut-il faire ? Il n'y a qu'une seule façon pour il de vous aider. S'il choisit de vous payer votre »

"Alors tout est fini", s'écria Grace, et elle s'appuya sur les coussins avec désespoir.

« Je ne suis pas tout à fait d'accord avec vous, » répondit-il, « seulement je souhaitais que vous voyiez le côté pratique de la question ; il ne sert à rien que j'aille voir un homme comme M. Sandford et quand il pose la question : « *Qu'est-ce que c'est ? est-ce qu'elle s'attend à ce que je fasse ?* ' n'a rien à répondre sur votre compte.

"Je ne peux pas lui demander de me donner quinze mille livres, c'est impossible !" » dit Grace en rougissant au ton sec utilisé par M. Stevens.

"Vous n'avez rien à lui demander ; mais l'aide dans ce cas signifie de l'argent - comme c'est généralement le cas ; laissez-lui la somme, mais vous devez comprendre lorsque vous utilisez le mot "aide" ce que cela signifie. Je voulais simplement vous préparer. pour ça."

"Merci", dit Grace, dont les espoirs étaient désormais très faibles.

Elle resta silencieuse pendant quelques instants, puis, levant les yeux, dit : « Supposons que vous parliez à Mme Dorriman, elle peut dire beaucoup de choses à son frère que personne d'autre ne peut dire, et elle comprend toujours.

"Oui," dit M. Stevens d'un ton étrange, "Je suis d'accord avec vous, elle comprend la plupart des choses."

"Quand allez-vous là-bas?"

"Jeudi, j'espère ; et maintenant, Mme Lyons, avant de nous séparer, faites-moi savoir comment je dois communiquer avec vous."

"Peux-tu m'écrire ?"

" Ce n'est pas tout à fait impossible ; mais si votre mari ne doit rien savoir de tout cela, il me semble que le fait de vous écrire sur des questions d'affaires — maintenant il est censé tout savoir de vos affaires — pourrait entraîner des complications. "

« Vous ne comprenez pas, M. Stevens, lui – mon mari – ne pose jamais de questions. Je lui ai simplement dit que j'avais réussi à gagner quinze mille livres ; il a été très surpris et content, je suppose, mais là l'affaire en est restée là. " Sandford a tout réglé pour moi concernant les questions d'argent, et l'argent a été réglé sur moi, puis sur mon mari. "

" Cela complique les choses bien sûr ; vous n'avez pas le pouvoir de renoncer à l'argent qui lui a été attribué ; je ne vois aucun moyen de s'en sortir. "

"Parlez à Mme Dorriman", a plaidé Grace, "elle a une grande opinion de vous et, si vous lui soumettez l'affaire, quelque chose pourrait être fait."

"Je vous conseille toujours d'en parler à votre mari", a déclaré M. Stevens ; "Rappelez-vous que chaque jour de retard rend la confession plus difficile par la suite. Là encore, Lady Lyons n'est-elle pas au courant ?"

"Je ne pense pas que ce soit le cas", mais pendant qu'elle parlait, Grace se sentait très mal à l'aise. Elle supplia encore une fois M. Stevens de parler à Mme Dorriman, et tandis que Paul remontait dans la voiture, elle ne pouvait qu'être sûre que sa persuasion avait réussi.

Personne cependant ne peut imaginer combien cette crainte d'être découverte lui pesait. Chaque fois que Paul revenait, alors qu'il était sorti seul, son expression, lorsqu'il apparaissait, était anxieuse – le savait-il ? Quelque chose avait-il été dit qui le rendait suspect ?

« Je commence à avoir peur que vous soyez fatigué de moi, dit-il un jour ; "Quand je rentre à la maison maintenant, tu n'as jamais l'air le moins content de me voir."

"Je suis content, chérie; s'il te plaît, ne te mets pas en tête des fantaisies."

"Eh bien, j'aimerais que tu le montres un peu plus ; j'ai hâte de t'éloigner, tu es beaucoup moins énergique qu'il y a peu de temps. La façon dont tu restes avec ma mère ne ressemble pas beaucoup à toi. J'aime terriblement elle, et tout ça, mais j'aime t'avoir un peu seule, et elle aussi d'ailleurs."

Grace est devenue tour à tour rouge et blanche. Elle savait qu'elle souffrait d'irritabilité produite par l'anxiété. C'était essentiellement une personne qui ne supportait ni la fatigue physique ni l'anxiété mentale.

« Que peux-tu dire à ta mère pour que je ne l'entende pas ? demanda-t-elle avec une certaine acuité de ton qui le surprit. Il la regardait attentivement, et cela parut lui déplaire encore davantage. À son grand étonnement, elle éclata en sanglots, et pleura avec une sorte de véhémence misérable et impuissante, qui le désolait infiniment.

"Ma chérie ! tu ne peux pas me dire ce qui ne va pas ?" dit-il, "car il y *a* quelque chose qui ne va pas, vous n'êtes pas vous-même. Vers qui pouvez-vous vous tourner si vous avez des inquiétudes ou des détresses aussi bien qu'à votre mari ? N'avez-vous aucune confiance en moi ?"

"Ne fais pas ça," sanglota-t-elle, "tu ne fais qu'empirer ma situation !"

Il fut profondément blessé, non pas tant par ses paroles que par la façon dont elle se retirait de lui.

Lady Lyons fit entendre sa voix dans le couloir, demandant si son fils était là, et Grace arracha sa main à Paul et se précipita hors de la pièce par une porte pendant que sa belle-mère entrait par l'autre.

Paul était un fils affectueux, mais à ce moment-là il aurait préféré avoir le temps de découvrir ce qui n'allait pas avec sa femme, et il était si absorbé que sa mère lui raconta un fait très intéressant pour elle et qu'elle considérait aurait dû être tout aussi intéressant pour lui, sans qu'il s'en rende compte.

« Mon *cher* Paul, dit-elle enfin, vous ne vous occupez pas du tout de moi !

"Je vous demande pardon, mère, je pense avoir entendu ce que vous avez dit."

"A propos du docteur, Paul ?"

"Je pense que oui," répondit-il, essayant de se rappeler ses paroles.

"Eh bien, tu vois, il va falloir que j'en prenne un autre étant donné."

"Une très bonne chose, devrais-je dire."

"Paul ! la mort d'un éminent médecin n'est pas un sujet de réjouissance."

"Oh ! il est mort. Qui est mort, mère ?"

"Dr Dickson, et vous avez dit que vous aviez entendu ce que j'ai dit. Oh ! Paul."

"Eh bien, j'entends maintenant, et je ne pense pas avoir jamais entendu le nom du docteur Dickson auparavant."

"Après cela!" » dit Lady Lyons en levant les mains ; "Il était le seul homme, le seul homme qui comprenait parfaitement ma constitution."

"Eh bien, je suis désolé qu'il soit mort s'il t'a été utile, mère, mais tu n'as été ni meilleur ni pire depuis que je me souviens de quoi que ce soit. Voudrais-tu que je te quitte un instant ? J'ai peur que Grace ne soit pas bien."

Il l'a quittée et est allé retrouver sa femme.

Grace s'était remise et lui reprochait de faire « tout un plat ».

« Tu sais que je ne suis pas forte, dit-elle, et que je me déplace facilement. Je suis comme un volant, et parfois, Paul, j'ai l'impression que nous ne sommes pas aussi semblables que nous le pensions.

"Maintenant, vous m'avez blessé et vexé encore plus", dit-il d'un ton vraiment vexé. "Quelles découvertes ferez-vous ensuite ? En quoi suis-je votre inférieur ? Je sais que je le suis à bien des égards, mais en quoi ai-je besoin de particulier aujourd'hui ?"

"Mon inférieur !" » dit Grace avec une passion soudaine ; "Je me sens au-dessous de toi en toutes choses, en principe, en tout."

Elle se couvrit le visage de ses mains.

« Je ne peux pas vous comprendre, ma chère, » dit-il gentiment ; "et si tu ne veux pas dire ce que tout cela signifie, laisse tomber. Mais j'espérais que tu avais appris à me confier, et je suis déçu. Ma mère est là, fais comme tu veux de la voir. J'ai dit tu n'allais pas bien."

"Je vais bien", dit-elle, se débarrassant à la fois de sa dépression et de sa pénitence. "Va voir ta mère, Paul; je suis désolé que tu aies dit quoi que ce soit sur mon malaise, ce n'était qu'une indisposition passagère."

Il ne la quitta pas entièrement satisfaite, mais sachant qu'il était inutile de la presser davantage.

Lady Lyons débordait de sympathie maternelle et s'agitait d'une manière que Grace jugeait presque intolérable et à laquelle, il n'y a pas si longtemps, elle aurait mis un terme sans grâce.

Mais la mère de Paul était pour elle une personne différente de la Lady Lyons qu'elle avait connue et dont elle se moquait autrefois, et elle supportait ses attentions avec toute la patience possible.

Le trio s'assit pour dîner avec ces sentiments atténués généralement révélateurs d'une tempête passée.

Lady Lyons était mécontente du manque évident d'intérêt de Paul pour ses médecins ; et Grace était épuisée et ennuyée contre elle-même d'avoir cédé comme elle l'avait fait ; tandis que Paul, tout en essayant de converser avec sa mère, était conscient d'une impression douloureuse à propos de sa femme dont il ne pouvait se débarrasser.

L'ambiance n'était donc pas très claire au départ ; et la pauvre Lady Lyons, sentant cette contrainte subtile qui s'était créée d'une manière ou d'une autre entre mari et femme, lança d'un seul coup un explosif au moment où Grace s'y attendait le moins.

"Cela vous intéressera d'apprendre, ma chère, qu'avant de venir ici, je suis allé voir la tombe de votre petite nièce. Je l'ai trouvée bien entretenue, des fleurs et tout ce que vous savez."

"Cela ne m'intéresse pas beaucoup", répondit Grace avec beaucoup de langueur. "Je n'ai jamais vu cette pauvre petite chose, et tout ce qui a trait à cette époque m'est si odieux que je ne m'en souviens jamais volontairement."

« Dans l'état actuel des choses, n'est-ce pas un peu ingrat, ma chère ? Et il mérite votre gratitude… pauvre M. Drayton !

"Pourquoi Grace a-t-elle besoin d'être reconnaissante envers ce malheureux homme ?" » demanda Paul avec une très faible curiosité.

"L'argent, ma chère, la fortune ; tu le sais sûrement ?"

"Je retiens mon argent de ma sœur", a déclaré Grace avec défi.

" Ah ! mais, ma chère, s'il ne l'avait pas laissé à votre sœur, elle n'aurait pas pu vous le donner ! " » dit Lady Lyons, tout à fait sûre maintenant d'avoir présenté son cas de manière convaincante.

La grâce devint blanche comme le marbre ; elle n'osait pas regarder Paul. Rassemblant toute sa puissance, elle dit :

"Cela fait une grande différence de prendre l'argent de ma sœur et celui de M. Drayton."

"Je ne vois aucune différence", dit Paul, d'un ton froid et dur dont elle ne le croyait pas capable.

"Là!" » dit Lady Lyons. "Paul vous convaincra peut-être, puisque cet argent vous est parvenu..."

"Laissez ce sujet tranquille, Lady Lyons, cela m'est odieux !"

"Eh bien, mon cher, ma chérie, ce n'est qu'un caprice. Je suis sûr que Paul est d'accord avec moi."

"Je déteste aussi ce sujet", dit Paul avec colère; et la pauvre Lady Lyons, totalement inconsciente de la façon dont elle avait réussi à rendre les choses désagréables, s'en rendit compte et commença à s'excuser.

Mais l'expression de Paul, le dégoût qu'elle voyait écrit sur son visage, étaient trop pour Grace, épuisée comme elle l'était par l'anxiété que ce sujet lui avait donné, et elle se leva, essaya de se diriger vers la porte et tomba dans le corps de son mari. les bras évanouis, d'où ils eurent du mal à la tirer.

Paul était désolé pour elle et très anxieux. Il l'avait vue souffrir, mais il ne l'avait jamais vue s'évanouir ainsi auparavant.

Pour le moment, et jusqu'à ce qu'elle se rétablisse, tout était oublié ; mais quand elle revint à elle, Grace vit qu'elle était tombée aux yeux de son mari et pleura des larmes amères quand il se détourna.

Oui, elle était tombée. Combien de fois il s'était produit des occasions où on aurait pu lui dire la vérité ! Comme elle l'avait tenu dans l'ignorance ! Il était irrité, et il n'était pas en lui de voir des circonstances atténuantes. Si elle pensait qu'il était bon de bénéficier de l'argent de cet homme, pourquoi ne pas l'avoir dit franchement ? Dans toute conversation sur Margaret, lorsqu'il avait dit ce qu'il pensait, qu'est-ce qui l'empêchait de dire ce qui se passait ?

À l'indignation suscitée par la manière dont il avait été traité se mêlait également le fait amer qu'ils seraient bien plus pauvres qu'il ne l'avait imaginé, car, bien sûr, l'argent devait restituer. C'était le prix du bonheur de Margaret, et il ne voulait rien de tout cela.

Lady Lyons, avec les meilleures intentions, l'a rendu presque fou ce soir-là.

Il est merveilleux de constater le pouvoir d'irritation que possèdent des personnes très bien intentionnées lorsqu'elles sont dotées de perceptions brutales et d'une intelligence limitée.

Quelques jours passèrent. Il y avait une contrainte constante entre les deux qui, jusqu'à présent, avaient été si heureux. Puis vint la veille du départ.

Grace était allongée sur une chaise, pâle et fatiguée, et son mari écrivait.

Tout à coup, il leva les yeux et dit brièvement :

"Grace, cet argent doit être abandonné."

"Oui," dit-elle, et il crut entendre un petit sanglot.

"Comme tu peux prendre soin de le garder !" » dit-il, essayant de maîtriser ses sentiments parce qu'elle était visiblement très malade.

"Je tiens à le garder ! Si seulement vous saviez à quel point je me déteste d'en avoir toujours tenu compte ! Paul, vous souvenez-vous d'avoir été si violent et d'en avoir parlé avec tant de force. Cela m'a enlevé mon courage. Je ne pouvais pas vous le dire, et cela ça me rend si malheureux!"

"Mais pourquoi ai-je été tenu dans l'ignorance dès le début ?" » demanda-t-il, essayant toujours de se contrôler. "Pourquoi en a-t-on parlé comme d'un héritage ?"

"Il n'y avait aucune raison pour que vous ne le sachiez pas au début. Je l'ai décrit à votre mère comme un héritage (c'était, en premier lieu, laissé à

Margaret) ; cela épargnait des explications, et je ne voulais pas qu'elle le sache. Vous n'avez jamais demandé comment l'argent m'était parvenu. Si vous aviez posé une question directe, j'aurais été obligé de vous dire la vérité.

"Je ne vois aucune différence", dit-il encore.

Il était terriblement ennuyé ; tout cela était pour lui un choc, et il en était d'autant plus contrarié qu'il était conscient que l'augmentation de ses revenus avait été agréable et qu'elle avait beaucoup aidé à leur faciliter la tâche.

Sans cela, comment pourrait-il se permettre les habitudes extravagantes de Grace ? Il savait que l'argent provenant de sa propre nomination n'était pas suffisant, et même il avait donné quelque chose à sa mère. S'il lui expliquait maintenant, comment pourrait-il s'expliquer sans blesser sa femme et en montrant qu'une parfaite confiance n'avait pas existé entre eux ?

Malgré toutes ces considérations, il n'a jamais songé un seul instant à conserver l'argent. Pour lui, c'était le prix du bonheur de Margaret, et il se demandait maintenant comment il pourrait dire quelque chose à sa mère sans entrer dans des détails qui lui seraient si douloureux.

Il se détourna encore une fois de sa femme et dit encore une fois, comme il l'avait déjà dit :

"L'argent doit repartir."

Grace était très malheureuse. Elle avait appris à aimer son mari et à trouver beaucoup de choses pour l'aider dans sa franchise, ainsi qu'une certaine force qu'elle ne s'attendait pas à trouver dans son caractère. Lorsqu'elle l'avait épousé, elle avait pensé que dans toutes les choses importantes, elle serait l'étoile directrice. Il réfléchissait lentement et elle accordait trop d'importance à sa propre rapidité ; cette position d'être une sorte de « Triton parmi les vairons » dans une école de seconde classe l'a encore influencée fatalement, et tomber, comme elle était tombée, était pour elle une amère mortification. Elle s'assit maintenant pour écrire à Margaret, et, à mesure qu'elle écrivait et répétait les sentiments de son mari, elle commença à voir les choses davantage comme lui.

Entre-temps, le pauvre Paul avait devant lui une tâche très difficile. Il a dû faire comprendre à sa mère, sans explications, que sa promesse d'aide, en ce qui concerne une augmentation régulière de ses revenus, ne pourrait pas être tenue.

Lady Lyons entendit avec consternation une certaine irritation contre lui pour avoir suscité de faux espoirs.

« J'ai engagé un valet de pied, » dit-elle impuissante ; "et maintenant je dois le renvoyer. Cela aura l'air si étrange."

"Je suis vraiment désolé."

" Cela aurait été différent, bien sûr, si vous n'en aviez rien dit : alors, vous comprenez bien, Paul, qu'alors *je* n'aurais pas eu à me plaindre. "

Paul a bien compris. Il sortait dès qu'il le pouvait, se rendait à son club et y entrait avec ce sentiment de laisser derrière lui les problèmes domestiques et autres qui rendent le pays du club enviable à ceux qui ne le connaissent pas.

Mais le souvenir de ses ressources diminuées lui apparut là-bas. Un ami lui a demandé de donner son abonnement pour aider la famille d'un ami commun. Paul fut obligé de dire, avec beaucoup de réticence, qu'il se rendit compte, après y avoir réfléchi, qu'il ne pouvait pas le faire. C'était d'autant plus difficile que c'était lui-même qui avait eu l'idée d'avoir une bonne balance en banque.

Un homme intelligent eût simplement affirmé se trouver moins bien loti qu'il ne l'espérait, et ce fait eût été tenu pour une excuse suffisante ; mais Paul Lyons n'était pas intelligent, et il hésitait, marmonnait quelque chose sur le fait qu'il n'était pas le sien et donnait directement à ses amis une impression défavorable.

Les manières parlent si souvent plus clairement que les mots.

Même ce refuge semblait avoir perdu de son charme maintenant que cette contrariété inattendue s'était glissée.

Lui-même ne pouvait rien faire pour se dépouiller de cet argent puisqu'il ne lui appartenait pas mais appartenait à sa femme. Il fit une longue promenade le long du quai et, dans son état d'esprit, il était naturel que le passé, avec toutes ses folies et les nombreuses choses stupides et mauvaises qu'il avait faites quand il était plus jeune, se présente devant lui. De quel droit avait-il jugé si sévèrement sa femme ? Ses tentations et les siennes étaient différentes ; Son niveau était-il tellement plus élevé que le sien parce qu'il n'avait pas connu le manque d'argent comme elle ? Il commença à sentir qu'il s'était comporté de manière méchante et se précipita vers l'hôtel de Brook Street où ils résidaient à nouveau. Il s'excuserait, et même s'il ne pouvait pas garder cet argent et espérait qu'elle y renoncerait, ils avaient néanmoins de quoi vivre ; si leur pain n'avait pas de beurre, il y aurait quand même du pain.

Il arrive fatigué et se retrouve confronté à sa mère, dans un état de désespoir abject, le visage brouillé par les larmes, qui lui annonce que Grace est partie !

Que s'était-il passé ? C'est en vain qu'il essaya d'amener Lady Lyons à lui dire, de manière rationnelle, quoi que ce soit sur le départ de sa femme.

Effrayée par la colère de son fils, déconcertée par le départ brusque de Grace, les idées de la pauvre dame s'enchevêtraient dans une confusion dont elle ne parvenait pas à se sortir ; et son fils, habitué à passer au crible ses déclarations, ne pouvait plus rien en tirer. Soudain, elle a cité quelque chose dit par Sir Albert Gerald.

« Était-il ici alors ?

"Oui, il était ici. Je pense, Paul, même si je n'en suis pas tout à fait sûr, et je ne veux rien affirmer qui ne soit pas tout à fait vrai, que Grace l'a envoyé chercher."

Paul eut un mouvement naturel de colère : — Pourquoi une troisième personne serait-elle envoyée chercher par sa femme ? Quelle affaire un tiers pouvait-il s'interposer entre eux ?

"Où est-elle allée?" » demanda-t-il, ses reproches d'il y a une heure l'adoucissant encore envers Grace.

"Je ne sais vraiment pas, mais en Écosse, je pense. Je l'ai entendue dire à Sir Albert : 'Vous m'escorterez', et il a dit qu'il allait en Écosse, donc je suppose qu'elle y est allée aussi."

"Et ne m'a laissé aucun message, ni note, ni quoi que ce soit ?" » dit Paul avec une colère croissante, ne comprenant pas encore complètement que Grace était réellement partie.

" Oh, mon cher Paul ! comme je suis stupide. Oui, elle t'a laissé un mot, ou une lettre — laisse-moi voir, était-ce une lettre ? — non, je me souviens avoir trouvé qu'elle était bizarrement pliée. "

"Veux-tu me le donner, s'il te plaît ?" demanda Paul avec le calme du désespoir.

"Mon cher Paul, si seulement tu ne me pressais pas et ne me tourmentais pas ainsi", dit sa mère en fouillant dans ses poches l'une après l'autre, puis elle regarda sous les ornements de porcelaine de la cheminée et conduisit son fils complètement sauvage.

Enfin, dit-elle alors qu'une idée brillante lui traversait l'esprit : " Je m'en souviens maintenant. J'avais tellement peur de l'oublier que je l'ai mis dans une de tes pantoufles, Paul, et je savais que tu étais sûr de le retrouver ce soir. " , quand tu as mis tes pantoufles, je trouve que c'était plutôt malin de ma part, hein Paul ?

Mais Paul avait quitté la pièce.

En lisant le message de sa femme, composé seulement de quelques lignes, il sentit qu'il l'aimait très tendrement. Elle était partie à Richmond, elle ne supportait pas de le voir si changé à son égard.

"Quand tu m'auras pardonné, si tu peux me pardonner, alors je reviendrai", dit-elle.

Paul savait qu'il lui avait pardonné, mais il était toujours irrité par l'intervention d'une troisième personne. Il était en route pour Richmond avant la fin de plusieurs minutes.

Grace le reçut avec une intense satisfaction, elle était prête à tout promettre. Puis vint cette question à propos de Sir Albert Gerald.

« Est-il possible que vous ne compreniez pas vraiment toute cette histoire ? » demanda Grace, qui, maintenant, avec ce poids enlevé de son esprit et rendu à l'affection de son mari, était de très bonne humeur.

"Je ne comprends rien à lui. De quelle histoire parles-tu ?"

Puis sa femme l'a éclairé.

"Je devais lui parler de Margaret quand je pensais que cela ne nuirait pas à sa cause - je devais l'envoyer chercher."

"Oh!" dit Paul, alors tu penses qu'il est amoureux de Margaret ?

"Je ne le pense pas, je sais", répondit-elle en riant.

Ce soir-là, le dîner était prêt au Brook Street Hotel : trois couverts étaient posés.

"Je pense que vous pouvez retirer un couvert", dit Lady Lyons, "seulement deux vont dîner ce soir."

Le serveur parut surpris et hésita, puis la porte s'ouvrit et Grace, rayonnante, entra, suivie de Paul.

CHAPITRE X.

Mme Dorriman n'était pas peu perplexe à ce moment-là du retard avec l'arrivée de son frère. Elle avait perdu une grande partie de sa crainte à l'égard de ces papiers qui lui avaient autrefois pesé si lourdement, et l'affection qui s'était nouée entre elle et son frère aux paroles grossières lui faisait ressentir une faute possible qu'il aurait pu avoir. engagés passent au second plan. Mais tout au long de ses petits devoirs quotidiens, rendus plus doux et plus agréables grâce à la compagnie de Margaret, lorsqu'elle lisait ou travaillait, se promenait au bord du feu ou naviguait sur la mer dans un bateau, quelle que soit son occupation, il y avait un subtil indéfinissable. conscience de quelque chose d'imminent, qui ne la rendait pas réellement malheureuse, mais qui la maintenait dans un état d'excitation mentale réprimée.

M. Stevens avait quelque chose à voir avec le fait qu'elle ne s'attardait pas indûment sur cette explication à venir. Il semblait omniprésent, volant ici et là et partout au même moment. Il semblait si peu penser à ce qu'il appelait courir jusqu'à Londres, mais il réussissait à passer une grande partie de son temps à Inchbrae.

Il consultait Margaret pour de nombreux sujets, mais elle comprit assez vite que les affaires n'étaient pas toujours le véritable motif de ses visites. Il arrivait souvent qu'une lettre aurait pu faire aussi bien, et rien que la crainte de paraître inhospitalière empêchait Margaret de le dire.

Margaret était tellement habituée à constater que, sans aucun effort de sa part, les quelques spécimens d'humanité qu'elle avait rencontrés parvenaient toujours à tomber amoureux d'elle, qu'elle avait maintenant peur que cela soit le cas, et elle a intrigué M. Stevens en devenant tout à la fois distante et réservée avec lui, ses manières devinrent changées et froides.

Il était tout à fait naturel qu'elle devienne sa propre héroïne, maintenant qu'elle n'avait plus à penser à Grace et que tout l'intérêt était centré sur elle-même.

Mme Dorriman l'a gâtée et caressée. Jean pensait qu'elle était parfaite ; les gens aimaient ses manières, qui étaient à la fois douces et courtoises avec eux ; et lorsqu'ils découvrirent qu'elle était une dame « généreuse », leur respect et leur affection se transformèrent en enthousiasme. Les quelques étrangers savaient qu'elle avait été confrontée à une tragédie ; et la mort de son enfant, la folie de son mari, tout concourait à l'entourer du halo de souffrance qui distingue une femme des autres femmes.

Il n'y avait pas grand-chose dans les environs d'Inchbrae pour susciter sa sympathie. Les gens n'étaient pas mal lotis, la question des fermiers ne s'était pas posée et le sol était fertile. De temps en temps, une femme malade avait besoin de soupe et elle l'obtenait, ou un enfant avait besoin d'un vêtement qui lui donnait de l'occupation, mais c'était tout.

Margaret était essentiellement une femme aimable et avait cet air de dépendance qui (bien que souvent assez trompeur) fait si fortement appel au côté chevaleresque de l'humanité et, avec la prétention qu'il établit, crée si souvent une affection en plus.

Elle était ce qu'on appelle une sentimentale, mais pas dans le sens abusif de ce mot très mal employé. De même que les objets les plus communs de la vie, une branche cassée, un étang peu profond, une feuille fanée sur l'herbe, se résolvent en images aux yeux d'un artiste, de même là où la faculté poétique existe (surtout lorsqu'elle a été développée par la souffrance)) tous les divers incidents de la vie, toutes les impulsions et influences de la vie personnelle deviennent des poèmes non écrits. Margaret avait terriblement souffert ; la souffrance guérissait sous l'influence du temps, mais laissait une imagination vive. Elle vécut de nouveau, elle s'attarda morbidement sur ses propres défauts, et elle commença à se rapprocher dangereusement d'un égoïsme qui l'absorbait.

Il y avait un plaisir qui ne lui faisait jamais peur : l'effet de la beauté naturelle est si différent selon les tempéraments. La fraîcheur d'une côte bordée de mer, les teintes de gris et de vert, l'harmonie de tous, sont ressenties par certains qui reconnaissent la circulation accélérée et l'appellent salutaire ; et c'est comme ça.

Pour un poète, cependant, cette harmonie de la nature dit quelque chose de plus : il y a dans tout cela un sens plus profond et plus complet, que la faculté d'expression soit donnée ou non. Le ciel et la terre ne semblent pas très éloignés quand l'âme est émue jusqu'au plus profond. Le secret de ces forces qui suscitent la crainte lorsqu'elles se manifestent dans leur plus grande puissance a une note clé qui, commencée ici, est portée vers le haut. Margaret avait le pouvoir d'expression et ses poèmes devinrent pour elle la partie la meilleure et la plus élevée de sa vie ; elle ne se souciait plus de les publier ; il y avait tellement d'elle-même dedans qu'elle hésitait à laisser quiconque les lire. Elle vivait dans son propre monde, un monde plein de beauté, mais dans lequel le moi entrait trop.

La lettre de Grace, avec ses violentes expressions de remords et son récit incohérent de son départ de Paul, fit irruption dans ses sentiments égocentriques avec un choc plutôt brutal.

Elle connaissait trop bien Grace pour douter du désespoir dont écrivait sa sœur, comme si le désespoir et les remords devaient désormais lui appartenir ; mais elle ne pouvait pas douter de sa sincérité à propos de l'argent ; le cri était trop naturel, et les propres sentiments de Margaret y étaient si parfaitement conformes.

La facilité avec laquelle Grace avait accepté l'argent lui avait été douloureuse, et elle se sentait reconnaissante maintenant qu'elles aient ce point commun.

Dans son esprit, l'argument qu'elle avait utilisé semblait concluant. "J'ai fait un vœu que je ne pouvais pas respecter, et le bénéfice découlant d'un vœu rompu ne peut pas m'appartenir à juste titre."

Elle se leva pour répondre à cette lettre qui l'avait troublée, et, ouvrant la porte, trouva M. Stevens qui venait d'entrer dans le couloir.

"Peux-tu m'accorder un moment ?" dit-il avec une certaine anxiété.

Elle a répondu « Oui », confiante dans le fait que ses affaires étaient vraiment des affaires.

"J'ai reçu une lettre tellement extraordinaire de M. Sandford", commença-t-il. "Je lui ai écrit à propos de questions d'argent, et sa réponse est qu'il n'est pas en mesure d'avancer un sou nulle part. Je crains que les choses n'aient vraiment mal tourné ; avez-vous entendu quelque chose ?"

"Rien de tel. Mme Dorriman ne peut pas imaginer pourquoi il ne vient pas."

« Il dit : « *Je suis complètement sans le sou et je ne peux rien faire !* » C'est tout à fait extraordinaire !

"Je me demande si Mme Dorriman sait quelque chose ? Dois-je aller la trouver ?"

"Non ; j'ai écrit à M. Sandford pour une explication ; jusqu'à ce que j'entende à nouveau, il ne sert à rien de la rendre malheureuse."

"Ça va l'affecter ?" » demanda Margaret avec un réel intérêt.

"Cela l'affectera. Elle m'a dit une fois qu'elle n'avait pas de colonies et qu'elle dépendait entièrement de son frère."

"Je suis tellement affligé."

"Bien sûr, cela vous affectera également, Mme Drayton. Cela semble très dur pour vous deux."

"Et ma sœur abandonne cet argent ; Paul Lyons ne peut pas supporter qu'elle l'ait."

"J'ai pris ma décision. Je vais vous demander une grande faveur, Mme Drayton."

"Ne le faites pas, je vous en prie", dit Margaret, très affligée et devenant rose rouge.

"Pourquoi?" » demanda-t-il étonné et très offensé contre elle.

"Nous ferions mieux... restons amis", a-t-elle dit d'un ton suppliant.

"Qu'est-ce que je veux d'autre ?" » demanda-t-il, très étonné de son changement de couleur.

"Oh," dit Margaret, prenant une longue inspiration et parlant avec un soulagement évident ; "Bien sûr, je ferai n'importe quoi pour toi."

Il la regarda avec méfiance.

« Vous, les jeunes filles, êtes si prudentes ces jours-ci ; vous avez répondu comme si j'allais vous demander de me prêter dix mille livres, ou de vous déposer une demande en mariage.

Margaret rougit de nouveau violemment, mais elle rit aussi ; elle avait l'impression d'avoir failli se rendre ridicule.

"Ce que je veux que vous fassiez", continua sérieusement M. Stevens, "n'a rien de très remarquable. Je veux que vous vous débrouilliez pour que je passe un peu de temps seul avec Mme Darriman. J'ai quelque chose à lui dire, et cela il se trouve que je ne peux jamais la voir seule ; tu es toujours là, tu sais.

Comme Margaret a ri toute seule !

"Mon cher M. Stevens," dit-elle, avec tout le charme et la cordialité d'antan de ses manières de nouveau en pleine force, "comme je suis terriblement désolée d'avoir été si aveugle et si stupide. J'ai peur d'avoir été terriblement dans Ta façon."

"Eh bien, vous avez plutôt raison", dit M. Stevens, qui était déçu de trouver ses manières capricieuses ; il la pensait au-dessus de ce genre de choses.

Margaret rit encore, mais elle monta, enfila ses affaires, puis trouva Mme Dorriman, qui pesait encore dans son esprit les mérites respectifs de la confiture de canneberges ou de mûres pour le pudding de ce soir-là.

"Qu'est-ce que M. Stevens préfère le plus ? Car je pense qu'il dînera ici ce soir", dit Margaret avec un sourire que la petite dame ne comprit pas.

« Lui avez-vous demandé, ma chère ? » demanda-t-elle placidement ; "Je ne savais pas qu'il était ici."

"Non, mais je pense que tu vas lui demander. Il est là et, au fait, il veut te voir à propos de quelque chose."

Mme Dorriman ôta son tablier de femme de ménage, se lava les mains et alla sereinement affronter son sort, avec une innocence et une absence de soupçon qui amusèrent Margaret beaucoup et tranquillement.

Mme Dorriman était un peu nerveuse, car elle pensait que M. Stevens lui avait peut-être apporté des nouvelles de son frère. Elle n'avait plus de nouvelles de lui depuis quelques jours, et elle l'attendait chaque jour ; depuis les fréquentes crises de maladie, dont elle ne comprenait pas bien la portée, un vague malaise l'envahissait.

« Mon frère va bien ? Avez-vous de ses nouvelles ? » demanda-t-elle précipitamment en entrant dans la pièce.

"Il allait assez bien quand j'ai entendu", répondit-il; puis une soudaine timidité s'empara de lui.

Elle attendait qu'il parlât, et il remarqua avec beaucoup d'admiration que lorsqu'elle restait en attente, elle ne bougeait pas. Ce pouvoir de quiétude lui paraissait un grand mérite. Rien ne l'ennuyait autant que de se voir parler à tour de rôle, avec une attention intense et peu flatteuse envers un travail sans intérêt, ou ce qu'il considérait comme sans intérêt.

« J'aimerais, » dit-il soudain, « que tu puisses penser à quelqu'un d'autre autant qu'à ton frère !

Surprise, elle leva les yeux et son regard la troubla.

"Je... je n'ai personne d'autre", dit-elle à voix basse.

"Oui, vous l'avez fait, Mme Dorriman, si seulement vous essayiez de le penser. Je crois - je crains que l'idée ne soit nouvelle pour vous - mais ne pourriez-vous pas essayer de m'aimer un peu ? Je ne peux pas vous dire comment j'ai pu le faire. j'ai appris à t'aimer ! mais tu es si bon et si altruiste, je pense — j'en suis sûr — qu'il n'y a personne comme toi !..."

Margaret, assise sur le siège de pierre, entendit des voix venir vers elle. Elle se leva et alla à la rencontre de ces deux hommes qui, une fois passés l'éclat de la jeunesse et de l'épanouissement, avaient pour la première fois trouvé un véritable foyer au cœur de l'autre.

Mme Dorriman semblait avoir renouvelé sa jeunesse ; la rougeur de son visage et la sérénité de son front la faisaient paraître beaucoup plus jeune.

Elle marchait comme dans un rêve. Depuis si longtemps, elle considérait M. Stevens comme un ami des plus gentils et des plus serviables ; et elle avait toujours admiré cette indépendance et cette franchise qui défendaient le droit sans rudesse. Et cet homme l'aimait ! Comme c'est merveilleux, pensa-t-elle dans son humilité, comme c'est extraordinaire, que lui, ayant le choix entre tout le monde, puisse *l' aimer* et souhaiter qu'elle soit sa femme.

Les félicitations de Margaret étaient les plus sincères. Elle comprenait le charme de M. Stevens qui résidait dans la douceur et la douceur de Mme Dorriman, et il y avait quelque chose de franc et d'agréable chez lui.

La vue de ces deux-là, si profondément et tranquillement heureux, lui faisait un peu penser au vide de sa propre vie ; mais elle ne s'attarderait pas là-dessus : elle essaierait de consacrer ses énergies dans une direction utile. En attendant, elle ferait tout son possible pour ne pas gâcher le bonheur de Mme Dorriman par des regrets à l'idée de quitter Inchbrae. L'endroit lui était très cher ; elle avait appris à l'aimer; mais elle savait qu'il n'y avait aucune place ici pour ses énergies. Elle doit tourner ses pas vers le sud ; elle ne gagnerait pas un tiers dans le petit ménage. Peut-être que M. Sandford souhaiterait qu'elle reste avec lui, et elle le ferait. Elle s'est dit qu'elle ferait tout ce qui serait vraiment bien.

M. Stevens, avant de quitter Inchbrae, demanda à Anne Dorriman de lui faire une promesse solennelle — une promesse qu'elle lui fit en souriant jusqu'à ce qu'elle le voie grave.

"Promets-moi, Anne, que, malade ou heureux, rien ne t'empêchera de m'épouser !"

"Je promets."

Elle le dit pensivement, puis insista pour qu'il répète les mots.

"Maintenant," dit-il, "si tout shilling de ton frère a disparu, si tu te retrouves sans un seul, tu seras quand même ma femme ?"

« Vous parlez comme si vous saviez », dit-elle en le regardant d'un air interrogateur ; mais il détourna ses paroles, et elle les oublia.

"Qu'ai-je fait pour mériter ce bonheur ?" » elle a demandé à Margaret plus tard, quand les deux sont allés dans leurs chambres.

"Beaucoup", dit doucement Margaret. "As-tu jamais vécu pour toi ?... jamais depuis que je te connais ! Je pensais seulement aujourd'hui qu'il n'était pas bon pour moi d'être avec toi, parce que tu fais tellement de moi et si peu de toi, que je suis de plus en plus étroit et égoïste.

"C'est absurde ! ma chère", répondit Mme Dorriman. "Oh ! Margaret, si tu savais à quel point je déteste être seule et devoir décider des choses moi-même, pense maintenant au confort d'avoir quelqu'un à qui s'adresser !"

"Et je suis tellement en mesure de vous aider", dit Margaret avec émotion.

Elle ressentait aussi ce fardeau de la solitude ; elle le ressentait d'autant plus à cause du contraste entre sa propre vie et celle des autres.

Christie fut très émue lorsque la nouvelle lui fut annoncée.

« Cela approche, ma chère, dit-elle à Margaret, au bon moment du Seigneur.

Margaret ne la comprenait pas.

Jean était très amusant à ce sujet.

"Et pourquoi pas !" » a-t-elle demandé lorsque Mme Dorriman le lui a dit. " Vous n'avez jamais eu de véritable amour, même si M. Dorriman, le pauvre homme, vous aimait toujours à sa manière ; mais c'était un escroc, sans aucune moelle en lui. Cet homme est un homme dont on peut être fier. Il y a des trucs en lui, et tu pourras t'appuyer sur lui. Ce n'est pas un léger souffle de vent qui l'abattra !"

Mme Dorriman écrivit à son frère et, en quelques mots qu'elle eut du mal à écrire, lui fit part de ses fiançailles.

Elle a également dit qu'elle espérait que Margaret occuperait sa place et vivrait avec lui. "Je pense que Margaret sera plus pour toi que je ne pourrais jamais l'être." Elle a terminé en disant : « Vous avez été gentil, mais j'ai toujours senti que vous étiez déçu par moi. Je ne suis pas assez forte d'esprit pour être un bon compagnon pour quelqu'un qui est si habitué à plus d'intelligence.

Si elle avait délibérément trempé sa plume dans du fiel, elle n'aurait pas pu lui faire subir un moment plus amer.

Il était physiquement inapte à toute excitation ou inquiétude. Sa maladie l'avait rapidement envahi et il souffrait parfois terriblement.

Il reçut une lettre de Margaret qui le troubla également beaucoup.

Sachant qu'il était aisé et qu'il ne se souciait pas de l'argent en soi, elle lui écrivit avec confiance à propos de Grace.

"Elle a renoncé à l'argent qui lui restait après moi et que j'ai refusé de prendre. J'ai peur que le fait de le faire ne l'embarrasse, elle et Paul. Vous avez souvent proposé de me payer de l'argent, de me donner beaucoup de choses que je ne voulais pas. — Veux-tu faire quelque chose pour ma sœur ? Veux-tu arranger quelque chose pour lui rattraper ce qu'elle a abandonné ? Je pense que tu ressens avec moi qu'accepter cet argent m'humilierait, qu'il soit accepté par Grace ou par moi-même.

Quelques jours et puis vint la réponse.

> " Chère Marguerite ,
>
> "Je n'ai rien à donner. Je n'ai pas le droit de donner quoi que
> ce soit, et je ne l'ai pas en mon pouvoir. Je suis malade et je
> suis malheureux. Quand je peux, je vais à Inchbrae. J'ai
> quelque chose à dire à mon ma sœur, je pense que vos idées
> à ce sujet sont exagérées.

Dire que Margaret était déçue, c'est peu dire. Elle doutait désormais que la position qu'elle avait adoptée soit la bonne. Tout à coup, elle parut voir les choses différemment ; pendant un moment ou deux, elle eut l'impression que sa sensibilité à ce sujet avait conduit Grace au désastre.

Mais, en relisant la lettre de sa sœur, elle vit que ses objections n'avaient aucun poids ; c'était Paul qui pensait comme elle ; c'était à cause de son mari que Grace avait cédé.

Avant qu'elle ait eu le temps de décider s'il serait sage ou non d'informer Mme Dorriman de la maladie de M. Sandford et de sa perte de fortune, Mme Dorriman s'était approchée d'elle et avait reconnu l'écriture de son frère.

Au début, lorsque Margaret essaya de la rebuter avec le mot commode « affaires », Mme Dorriman était prête à le croire, mais le visage de Margaret était expressif ; et la petite femme, inquiète en tout cas pour son frère, devint si hystérique qu'elle ne fut apaisée que par le fait qu'on lui donna.

"Je dois aller vers lui !" s'exclama-t-elle en voyant l'écriture tremblante ; "il doit être très malade."

"Vous feriez mieux de demander à M. Stevens ce qu'il pense", dit doucement Margaret.

" Ma chérie, oui. Quel réconfort d'avoir quelqu'un qui a la tête sur les épaules et qui me conseillera sur ce qu'il y a de mieux à faire. C'est un tel réconfort ! Mais je suis très mécontent de mon frère ; je dois écris tout de suite."

"Pourquoi ne pas télégraphier ? M. Stevens habite près de Renton ; si vous lui télégraphiiez et lui demandiez de savoir si votre frère est gravement malade, et s'il vous conseille d'aller le voir, vous auriez la réponse beaucoup plus tôt. Nous pourrions facilement conduire en nous-mêmes avec le télégramme et attendre la réponse, ou aller attendre chez Mme Macfarlane.

"Ma chère Margaret, quelle personne pratique vous êtes; et je sais exactement où se trouve M. Stevens en ce moment. Il m'a raconté comment il avait planifié sa journée, et en ce moment il est au comptoir de Renton, et va sois là jusqu'à trois heures.

"Alors nous ne perdrons pas de temps", a déclaré Margaret.

Ils avaient depuis longtemps investi dans un poney et une calèche qui leur étaient propres, et se mirent bientôt en route, Mme Dorriman pensive et anxieuse, soutenue par la conscience de cette aide dont elle était si récemment devenue propriétaire ; Margaret resta silencieuse, se demandant un peu ce que serait réellement sa vie, remarquant, avec un petit pincement au cœur, que même M. Sandford, aussi seul et souffrant qu'il fût, ne dit pas un seul mot sur le fait qu'elle irait vers lui.

Quelque chose dans le paysage lui fit penser à Sir Albert Gerald. Elle se demandait s'il avait déjà pensé à elle maintenant ; il semblait étrange qu'il ait si complètement perdu sa connaissance : depuis des mois, elle n'avait plus entendu parler de lui. Plus d'une fois, elle avait dit quelque chose à son sujet dans ses lettres à Grace, mais elle n'y avait évidemment jamais prêté attention, pensa Margaret, ne comprenant pas à quel point elle s'intéressait à lui en tant qu'ami, car c'était tout à fait naturel après ce qui s'était passé entre les deux. eux. Il lui semblait qu'elle avait manqué de bonheur tout au long de sa vie. Son père ou sa mère avait-il vécu, ou avait-elle compris ce que Sir Albert voulait dire par être libre ? À quoi servait ce retour aux vieux regrets ? Elle s'en voulait parce qu'elle avait pensé qu'il aurait déjà fait un signe. Après tout, il y avait beaucoup d'autres filles dans le monde, et aucune n'aurait pu avoir une histoire aussi triste ; elle n'avait pas le droit d'être déçue, et pourtant elle savait qu'elle était amèrement déçue.

Ils allèrent directement au petit bureau de poste et, pendant que Mme Dorriman expédiait le télégramme, Margaret envoya le poney aux écuries de l'auberge, puis alla demander des lettres.

Il y en avait un de Grace. Après s'être attardée avec ravissement sur un nouveau manteau, qu'elle devrait appeler charité, parce qu'il couvrait tant de péchés sous la forme de vêtements démodés, racontant un bonnet dont elle était tombée amoureuse et qu'elle ne pouvait pas se permettre, racontant des insignifiantes aventures qui lui étaient arrivées, dit-elle,

« Connaissez-vous une grande passion que Sir Albert est susceptible d'avoir ? J'ai entendu dire qu'il a quitté Londres pour aller s'offrir, sa délicatesse, sa belle place et son cœur perfide, à quelqu'un qu'il a longtemps aimé secrètement. Je ne me sens pas en colère parce que, parce que, parce que... J'espérais que quelqu'un que je connaissais l'avait attiré. Je vous en prie, ne me jurez pas et ne dites rien de désagréable, mais c'est horrible : et je pense que les hommes sont une erreur en général, sauf toujours, bien sûr, Paul, avec le plus grand P que vous puissiez imaginer, et je ne suis pas sûr de dire cela si je n'avais pas l'impression qu'il pourrait lire ma lettre.

Un grand poids pesait sur le moral de la pauvre Margaret. C'était la solution qu'elle redoutait, et pourtant, combien plus douloureuse est l'histoire racontée par un ami que celle que nous nous racontons. Le monde lui devint soudain sombre ; elle était consciente de la joie et de la satisfaction de Mme Dorriman en recevant le télégramme de M. Stevens. Son frère allait mieux, mais il aimerait qu'ils aillent le voir tous les deux vers la fin de la semaine. "Vous ne pouvez pas faire seul ce voyage difficile, mais j'irai pour vous et Mme Drayton", tel était le contenu de son télégramme, et la pauvre petite femme se souvenait très bien comment, avec beaucoup moins d'expérience, elle avait dû faire ce voyage très difficile. voyage seule, et comment elle se sentait abandonnée et malheureuse et ne recevait aucun réconfort de qui que ce soit.

Ils déjeunèrent avec Mme Macfarlane, qui était ravie que Mme Dorriman ait un mari aussi gentil. Elle était de si bonne humeur, si gaie et si débordante de prospérité, que la pauvre Marguerite la sentit, pour la première fois, oppressante. Elle s'efforça sur le chemin du retour d'entrer dans la satisfaction de Mme Dorriman, mais chaque mot prononcé dans l'autosatisfaction la plus innocente donnait à sa compagne un pincement supplémentaire.

"Recevoir autant de soins, pour la première fois de ma vie ! Pas possible de faire ce voyage pénible seule ! Qu'ai-je fait, Margaret, pour mériter tout cela ? Comment puis-je être assez reconnaissante ?"

L'après-midi n'était encore qu'à moitié terminé lorsqu'ils rentrèrent chez eux à Inchbrae. La luminosité du jour n'était pas encore atténuée, et pourtant sur les collines lointaines s'étendaient de douces ombres. Le soleil était capricieux comme une beauté juvénile, tantôt brillant dans toute sa splendeur et transformant la mer ondulante en or, puis se voilant derrière ces nuages laineux qui flottaient au-dessus des divers pics et rochers. Margaret, rejetant le bonnet qu'elle portait seulement lorsqu'elle faisait des expéditions dans la petite ville, descendit tête nue le long du chemin brûlé, désireuse d'affronter son problème et de mener contre elle-même cette bataille que la lettre de sa sœur rendait nécessaire.

Les influences d'un tel après-midi auraient dû l'apaiser. Un tempérament comme le sien, aussi sensible soit-il, aurait dû devenir plus en harmonie avec la scène lumineuse, paisible et brillante qui l'entourait. Mais quand l'âme est profondément blessée, la beauté et la sérénité mêmes d'un joli paysage l'ébranlent, et le cri est semblable à celui d'un endeuillé qui a tout perdu ici, et qui ressent le jour criard et le soleil comme une moquerie.

Il y avait ce murmure toujours tremblant de brûlure, qui lui semblait il n'y a pas si longtemps lui raconter une histoire d'amour. Maintenant, elle aurait donné des mondes pour l'arrêter puisqu'il lui mentait. Tout, pensait-elle, était heureux sauf elle-même ; les abeilles elles-mêmes poussaient un bourdonnement sans cœur alors qu'elles se réjouissaient devant un lit de pied-de-biche doré et de thym sauvage à portée de main ; et quand d'un petit bateau de pêche sortit une joyeuse chanson gaélique, gaie et pourtant mélancolique à cause de sa tonalité mineure, la retenue de Margaret céda et, se couvrant le visage de ses mains, elle pleura doucement, mais le cœur brisé.

Sur le flanc de la colline, il y avait un pas rapide, qu'on n'entendait pas encore sur l'herbe courte et bien grignotée ; quelques moutons des collines levèrent la tête et regardèrent l'intrus avec un certain émerveillement, sans faire un pas, car ils ne connaissaient pas la peur. Margaret n'entendit le léger bruissement que lorsque quelqu'un se tenait près d'elle ; elle n'eut pas le temps d'essuyer ses larmes ; surprise, elle se leva, et là, l'appelant doucement et les mains tendues, se trouvait Sir Albert Gerald.

"Qu'est-ce qui t'a affligé ?" dit-il, notant avec une vive sympathie son visage en larmes.

Comment pouvait-elle lui dire ? Il était là, et son regard, toute l'expression de son visage lui disaient qu'il était venu *la chercher*. L'histoire de Grace était vraie, pourquoi s'était-elle rendue malheureuse ? Comme elle était stupide ! En rougissant, elle répondit à une partie de sa question, et il en fut content.

"Je pensais que tu ne reviendrais plus jamais."

Quel changement était survenu dans tout cela ?

Margaret pensait que la journée était plus lumineuse, plus douce, plus enchanteresse que jamais. Elle bougeait comme dans un rêve, extérieurement calme, tout un monde de passion, d'amour et de gratitude gonflant son cœur.

« J'ai peur pour mon bonheur », dit-elle ce soir-là à Mme Dorriman, lorsque Sir Albert était sorti avec son cigare et que les deux amis étaient montés se coucher. "Je suis si intensément, si parfaitement heureuse ! Dieu est très bon avec moi !"

"Ma chère", a déclaré Mme Dorriman, "je suis presque aussi heureuse pour vous que pour moi-même, et je pense que M. Stevens a raison (il a toujours raison). Il dit que nous n'avons pas besoin de nous demander pourquoi nous sommes heureux, mais profitez-en et soyez-en reconnaissant. J'aime vraiment beaucoup Sir Albert, et s'il ne peut pas tout à fait se comparer aux... hommes plus âgés en ce moment, j'ose dire que quand il deviendra plus âgé..."

"Il sera un deuxième M. Stevens", dit Margaret en riant en lui souhaitant bonne nuit.

Le lendemain, nous apportâmes à Mme Dorriman une lettre de son frère, dont le contenu la troubla et la déconcerta presque autant que la fameuse lettre l'avait fait il y a plus de deux ans et demi, lorsque nous avions fait sa connaissance pour la première fois.

Elle devait venir à Renton avec Margaret, et elle devait également amener Christie avec elle. Jean serait bien sûr le bienvenu, mais il souhaitait particulièrement voir Christie.

M. Stevens n'étant pas arrivé, Mme Dorriman fit part de ses perplexités à Margaret.

"La raison pour laquelle il désire voir Christie est très remarquable", dit-elle d'un ton quelque peu perplexe et plaintif.

« Est-ce qu'il la connaissait autrefois ?

"Bien sûr, il a dû la voir, quand il était jeune homme, il a dû la connaître, parce qu'elle vivait là-bas, et c'était notre façon de connaître tout le monde ; mais toutes ces années, elle a été ici et il n'a jamais prêté attention. d'elle. Je crois qu'elle le reconnaîtrait à peine de vue maintenant.

"Peut-être qu'elle est liée à un souvenir de sa jeunesse."

"Oui ! bien sûr, c'est peut-être ça."

Mme Dorriman est allée elle-même en parler à Christie ; voulant préparer la vieille femme, doutant qu'elle consente à prendre un chemin de fer pour la première fois de sa vie.

Mais lorsqu'elle arriva au cottage de Christie, elle la trouva dans ses vêtements du dimanche, avec sa plus belle tenue et tous les petits objets qu'elle souhaitait emporter avec elle, prêts à être emballés.

"Comment le sais-tu, Christie ?" » demanda-t-elle avec un grand étonnement.

"Quand j'ai appris que M. Sandford était malade et qu'il était peu probable qu'il guérisse, j'ai voulu aller le voir. Je me suis préparé ; j'ai quelque chose à lui dire, pour votre bien, ma chère !"

Mme Dorriman s'est assise pour se reposer.

"Pour mon profit, BENEFICE!" répéta-t-elle. "Oh ! Christie, je ne veux rien de lui."

"Mais je le fais pour toi, et pour moi je mourrais à l'ancien endroit ; pour toi, je ferais mieux de me taire encore un peu."

Elle ne dit rien de plus sur ses espoirs et ses souhaits, mais ses mots d'adieu furent :

"Quand vous êtes prêt, je suis prêt ; mais quels chemins de fer sont des choses effrayantes à envoyer à travers le monde, avec rien d'autre qu'un cri et un souffle de fumée."

Entre-temps, M. Stevens a abordé divers détails avec Mme Dorriman, l'aidant même à décider ce qu'elle emporterait avec elle ou laisserait derrière elle.

"Il y a une chose que vous devez prendre, comme Sandford le souhaite expressément." » Parla-t-il en la regardant avec un peu de curiosité.

Un éclair de souvenir lui revint.

"La boîte et les papiers", s'est-elle exclamée.

" *Une* boîte et des papiers. Je ne dirai plus jamais que toutes les femmes sont pleines de curiosité ! Je sais différemment maintenant. "

"Vous savez tout, je pense", a déclaré Mme Dorriman.

CHAPITRE XI.

Mme Dorriman est restée très silencieuse tout au long du voyage, avec les changements fastidieux en direction de Renton. Son cœur débordait. Sa douce disposition, qui lui avait permis de pardonner si complètement le tort que lui avait fait le frère qu'elle allait voir à l'égard d'Inchbrae, lui faisait craindre que certaines révélations ne donnent à M. Stevens une idée défavorable de M. Sandford.

Elle savait qu'il n'y avait pas de sympathie au départ, et que l'homme qu'elle apprenait chaque jour à aimer de plus en plus en voulait à elle, plus qu'à elle-même maintenant, du traitement injuste qu'elle avait subi de la part de son frère.

M. Stevens était très honnête et très honorable, et il considérait, comme la plupart des gens, que le fait qu'un homme profite de l'ignorance d'une femme en matière d'affaires et la trompe pour son propre bénéfice particulier était inique ; et Mme Dorriman, avec son grand altruisme et son humilité, son souci de faire le bien à tout prix pour elle-même, aurait dû être sacrée.

La proximité de la relation n'a fait qu'empirer les choses ; et il ne pouvait pas supporter d'entendre son Anne – comme il l'appelait maintenant – atténuant et plaidant pour ce frère.

Elle a appris à comprendre cela et à éviter le sujet ; mais il lui était impossible, maintenant qu'elle tournoyait sur cette même route, de ne pas ressentir intensément le contraste d'hier et d'aujourd'hui. Le réconfort d'avoir tout arrangé si tranquillement pour elle – de n'avoir aucune inquiétude parce qu'il *s'occupait* de tout – était tout à fait indescriptible. Un carrefour terrible, où elle s'était autrefois tenue désespérée, et où les porteurs l'avaient criée et poussée çà et là, demeurait dans sa mémoire comme une sorte de gouffre d'où la main bienveillante de la Providence seule l'envoyait au bon endroit. direction, semblait maintenant une gare assez calme, car, avec sa main sous son bras, il faisait tranquillement le tour et ordonnait aux porteurs d'une manière qu'elle n'aurait jamais osé faire.

Puis ils arrivèrent à Renton et continuèrent leur route, laissant Jean, de son propre gré, suivre à pied Christie, qui se disait fatiguée à mort de rester assise et avait envie de faire « un peu de marche ».

"Et c'était ici l'endroit et la maison où M. Sandford l'avait amenée lorsqu'il l'avait fait quitter Inchbrae ?" » dit Christie en regardant la vilaine maison carrée et sans prétention devant elle. "Jean, ma femme, tu n'as pas trop dit un mot, tu n'en as pas dit assez."

"C'est confortable à l'intérieur", a déclaré Jean.

"Assez", répondit Christie; "mais vous ne savez pas, et je sais, d'où elle vient."

Arrivé à la maison, l'air de Jean comme chez lui était très amusant, même pour Margaret, qui avait ce sentiment indéfinissable de quelque chose d'imminent qui nous arrive à tous parfois.

Elle était elle-même consciente de ne rien comprendre pleinement et elle essayait de se garder de dériver vers une égocentrisme égoïste. Pour elle, cet endroit était plein de souvenirs très douloureux. C'est là qu'elle avait vu pour la première fois M. Drayton et, avec Grace, elle avait ri de ces rêves brisés concernant l'arrivée d'un prince – qui se présentait avec une simplicité d'âge moyen. Il lui semblait que rien n'avait changé, et elle s'attendait presque à voir Grace descendre les escaliers, avec des discours impertinents et un mépris volontaire et insouciant des souhaits de M. Sandford.

Au revoir, ils dînèrent. Mme Dorriman avait vu M. Sandford, qui ne souffrait pas cette nuit-là, et qui souhaitait voir Margaret après le dîner. M. Stevens les avait accompagnés jusqu'à la porte et était rentré chez lui à l'endroit qu'il avait pris, avec les travaux dans lesquels M. Drayton avait été mêlé autrefois.

"Margaret, ma chère", dit Mme Dorriman, lorsque le dîner tranquille fut terminé, "M. Stevens veut que nous allions voir sa maison demain. Il est si gentil; il veut savoir si je devrais J'aime changer les choses – imaginez qu'on en soit arrivé là ! Je dois changer les choses si je veux – c'est tout à fait merveilleux ! »

"C'est merveilleux que vous preniez tout cela comme vous le faites", dit gentiment Margaret. "J'aimerais pouvoir mettre un peu d'orgueil en toi, ou un peu de mon propre égoisme. Je serais mieux avec moins."

"Espèce d'égoïste ! Ma chère Margaret, vous ne le pensez que parce que vous n'avez pas beaucoup d'autres personnes à qui penser en ce moment. Égoïste ! Pourquoi une femme égoïste aurait gardé tout cet argent. Que de bien vous en avez fait !"

"Ce n'est pas la même chose, ma chère tante ; se séparer de l'argent dont je n'aimais pas utiliser, alors que j'étais assuré de tout le confort et du nécessaire sans lui, n'impliquait aucun sacrifice. C'est comme donner quand on est si riche qu'on ne peut pas le manquer. mais je sais que je suis enclin à penser constamment à moi-même et à mes propres convictions sur les choses ; même votre exemple ne m'a pas guéri, même si j'avoue qu'il m'a fait du bien.

"Mon exemple ? Ma chère Margaret, je n'ai jamais pensé à donner l'exemple à qui que ce soit !"

"Non, vous ne pensez jamais à vous-même, et c'est pourquoi vous êtes si délicieusement altruiste", et Margaret, d'habitude peu démonstrative, se leva et l'embrassa.

M. Sandford ne semblait pas tellement changé aux yeux inexpérimentés de Margaret ; sa voix, beaucoup plus basse qu'auparavant, était toujours dure. Il regarda longuement Margaret et dit, comme s'il s'intéressait davantage à lui-même qu'à elle :

"J'avais raison ; la ressemblance est là."

Margaret essaya de lui parler, mais il y avait quelque chose de si triste, de si terriblement triste dans son expression, qu'elle fut plus qu'à moitié effrayée et fut elle-même presque émue jusqu'aux larmes.

"Je souhaite que vous disiez 'Pardonnez'", dit-il d'une manière très hésitante, "et je souhaite que vous disiez au revoir. Je veux m'éloigner de vous, qui *lui ressemblez tellement* , avant que vous connaissiez mon histoire. Veux-tu pardonner ?"

"Je pardonne." dit Marguerite ; "Ne pensez pas que je vous blâme pour tout. Grace était très volontaire, et j'ai... fait une idole et je me suis presque écrasé contre elle; mon jugement a été obscurci et j'ai aussi fait du mal."

" Vous êtes gentil de dire cela, il y a une certaine justice là-dedans ; mais je ne me suis jamais pardonné ; j'ai gâché votre vie ; que dois-je faire maintenant ? Je n'ai rien en mon pouvoir ; je ne peux pas réparer ! "

"N'as-tu pas entendu?" » dit Margaret, tandis qu'une jolie couleur envahissait son visage et le rendait encore plus beau ; "J'ai de l'amour qui m'est offert et j'ai de l'amour à donner. Sir Albert..."

"Dieu merci!" » dit-il avec ferveur, et, épuisé par sa propre émotion, il ferma les yeux.

Margaret se leva et le regarda de haut ; la pitié la plus intense pour un homme si seul et si désespéré l'emplissait.

"Oh!" " dit-elle d'une voix basse et pénétrante, " rassurez-vous ; je suis faible et très pleine de défauts, et je pardonne. Il y a un Plus Haut vers qui se tourner, à qui demander pardon. Si je peux pardonner, qui est comme vous... —" elle fit une pause, effrayée; en regardant son visage, elle vit une expression d'agonie passer dessus.

«Je reviendrai», dit-elle précipitamment, et elle alla appeler son domestique.

Elle a attendu tard dans la nuit mais a seulement entendu dire qu'il allait mieux, puis elle est allée se reposer.

Le lendemain, M. Stevens est venu et est resté à parler à Mme Darriman. M. Sandford allait beaucoup mieux et ils devaient aller voir la future maison de Mme Darriman.

C'était certainement un exemple où il y avait deux côtés à chaque question. Margaret, qui n'avait jamais conduit loin à Renton, et qui ne connaissait que les rues crasseuses à l'extérieur du domaine circonscrit de M. Sandford, fut étonnée de se retrouver en route vers la campagne, avec un large fleuve plein de navires, de vie, de couleurs et de mouvement. . La voiture tourna dans une large allée d'arbres, et le terrain était vaste et bien entretenu, la maison charmante et pleine de belles choses. Mme Dorriman était très ravie de tout cela. Elle avait un côté féminin qui aimait les bons arrangements domestiques et pensait qu'elle n'avait jamais vu une maison plus convenablement planifiée ou plus complètement charmante. Même la fumée ne semblait pas pénétrer aussi loin que cette demeure de bonheur, bien que M. Stevens, qui était tout simplement honnête, lui assurât que c'était le cas sous l'influence de certains vents.

"On ne peut pas s'attendre à autre chose si près d'une ville manufacturière."

"Alors," dit Mme Dorriman, dans un état d'esprit si ravi et voyant tout si complètement *couleur de rose* , "avant très longtemps, il n'y aura très probablement plus de fumée, tout sera consumé", une supposition prouvant clairement que à tel point qu'elle avait un espoir déraisonnable, puisque le faire est économique et est considéré comme facile, et n'est jamais fait.

Ils furent un peu alarmés de voir que le médecin guettait leur arrivée.

"M. Sandford a eu une mauvaise attaque, mais il va mieux. Il souhaite vous voir tous si vous voulez bien aller dans sa chambre. S'il est très agité, j'ai quelques gouttes à me donner, alors j'attendrai ici. s'il vous plaît."

Il dit tout cela sur un ton neutre, étrangement différent de l'état d'excitation dans lequel se trouvait la pauvre Mme Darriman.

"Est-ce que M. Sandford souhaite me voir ?" » a demandé M. Stevens.

"Vous avez été particulièrement mentionné", répondit le médecin.

M. Sandford était assis devant sa table à écrire, sa main droite protégeant son visage.

"Je suis désolée que vous ayez été malade, mon frère", dit doucement Mme Dorriman.

Il n'y prêta pas attention et ne releva pas la tête.

"Est-ce que Christie est là ?" Il a demandé.

Il y eut une pause, et tous trois restèrent pleins d'une agitation réprimée. Même M. Stevens, alors qu'il observait les terribles signes de souffrance sur le visage hagard et misérable devant lui, était conscient d'un esprit beaucoup plus doux et indulgent.

Christie arriva aussitôt et se tint près de la porte, une expression triomphante sur ses traits.

Gardant toujours sa main ainsi, cachant en partie son visage, M. Sandford commença à parler d'une voix basse, claire et distincte, sans inflexions ni emphase – une voix qui ne semblait guère lui appartenir.

"Anne, je t'ai fait le plus de tort. Je dois te parler et les autres doivent entendre.

"Il vous est arrivé, autrefois... vous me demandiez souvent qui était la première femme de mon père, vous vous souvenez ? Qui était ma mère ?"

"Je me souviens."

"Mon père, notre père, ne s'est marié qu'une seule fois, Anne, et ta mère a été la seule épouse qu'il ait jamais eue."

Il y eut un silence haletant : Mme. Dorriman ne comprend pas complètement le sens de ses paroles.

"Par conséquent," continua M. Sandford d'un ton dur, parlant presque comme s'il était sous l'influence d'un puissant stupéfiant, "je n'ai aucun droit, pas de nom. Je ne suis pas l'héritier, je n'ai jamais été le maître de Sandford!"

"Mais tu es le fils de mon père ?" s'exclama Mme Dorriman sur un ton de suspense intense.

"Je le suis... mais, Anne, je suis son fils sans nom. Il n'a jamais épousé ma mère. Maintenant, tu comprends ?"

Mme Dorriman se tourna vers M. Stevens, le visage pâle, elle tremblait. Elle était visiblement extrêmement surprise. Il lui prit la main dans la sienne et lui parla, à voix basse, de paroles rassurantes.

"Avant de me juger, écoutez-moi !" continua le malheureux, car ma tentation était grande et mon épreuve terrible !

"En tant que fils unique, élevé sans contrôle et avec le pouvoir entre mes mains, ce n'est que vers l'âge de vingt-cinq ans, follement amoureux de ma femme, que mon père m'a dit la vérité.

"Mon Dieu ! comme j'ai souffert ! Mon père avait toujours eu l'intention de me le dire mais il redoutait une scène et la remettait toujours à plus tard. Je pense *qu'elle* le savait, et j'avais peur d'elle !" — il montra Christie avec sa main.

"Pensez-vous que si j'avais su, je serais resté là et j'aurais vu le mal qu'on lui faisait ?" et le vieux visage ridé de Christie brillait de passion. "Je n'avais aucune preuve, mais je pensais selon mes propres pensées. Votre mère était une voisine à flanc de colline et elle est partie; elle est revenue avec son enfant au sein et jamais d'alliance, et elle a salué et salué. Une épouse heureuse est fière de son homme, elle n'a jamais parlé du sien, elle a juste bu et est morte ; et ton père, un jeune homme, est rentré à la maison et l'a vue sur son lit de mort : « Je m'occuperai de l'enfant. ", répétait-il à mes oreilles, et tu as été transféré dans la grande maison. Il était triste, car il était assez bon, mais faible, faible comme une branche de fougère. " Christie s'arrêta net et un silence de mort régna dans la pièce.

"Quand je suis allé voir mon père et lui ai dit que j'aimais Margaret Rivers (et Dieu sait à quel point je l'aimais !), il a répondu que je *devais* le savoir. Les faits avaient été tellement gravés dans son esprit qu'il a imaginé que je *devais* d'une manière ou d'une autre les ai connus.

« Jour après jour, je renouvelais mes prières, mais je fus refusé. La tension exercée sur lui, l'agitation incessante, tout a agi défavorablement sur lui, et la dernière scène de violence que nous avons eue ensemble s'est terminée par un choc paralytique si grave qu'il a perdu la vie. Je me souviens encore de la terreur et de la misère de tout cela, puis soudain, je me suis rendu compte que, comme personne ne connaissait ce terrible secret, je pourrais en prendre possession. J'ai passé des heures à parcourir ses papiers, mais je n'ai trouvé aucune preuve. contre moi.

"Le colonel Rivers était parti en Inde avec ses filles. Je l'y ai suivi et j'ai épousé la seule femme que j'aie jamais aimée, pour la perdre peu de temps après. Je suis devenu presque fou. J'ai renoncé à mon rendez-vous dans la maison d'un marchand. et je suis revenu. Mon père était devenu plus faible, mais j'avais parfois peur qu'il ne se mobilise suffisamment pour t'en parler, Anne, c'est pour cette raison que je t'ai renvoyée de chez moi, et comme nous détestons toujours où nous sommes. blessé, je t'ai détesté et j'ai précipité ton mariage pour te mettre en sécurité et hors de ma vue : tu m'étais un reproche perpétuel.

"Puis un jour, votre mari a trouvé des papiers. Il était embarrassé et gêné, et je lui ai prêté de l'argent. Ce n'était pas un bon homme d'affaires, et j'ai trouvé facile de l'amener à faire ce que je pensais le mieux, mais c'était également Il était facile pour le prochain venu de lui faire faire exactement l'inverse. Dans toutes ses difficultés, son souhait principal était de vous mettre hors de portée de l'adversité, de vous rendre indépendant. Mais il n'a réussi qu'en partie lorsqu'il a trouvé ces papiers, il est venu vers moi. et dit qu'il avait trouvé des lettres curieuses. C'étaient des lettres de mon père à ma mère, et s'il les avait lues, il aurait tout su, mais c'était un homme honorable, et, en ayant vu une par hasard et en ayant été amusé ; l'orthographe, il ne lisait plus. J'avais peur d'être trop pressé, et, avant qu'il puisse les donner, il tomba malade et mourut, et tu as ces lettres maintenant, Anne, elles sont dans cette boîte un instinct, moi ; suppose que ça t'a fait garder."

Il s'allongeait maintenant épuisé – rien que la main de M. Stevens qui le soutenait n'avait fait taire Mme Darriman. Elle était terriblement agitée : les torts cruels qui lui étaient infligés, les longues années de dépendance qui l'avaient si terriblement irritée, tout se présentait devant elle. M. Stevens, passant son bras autour d'elle, la fit sortir de la pièce ; il vit qu'elle n'en pouvait plus, elle était épuisée.

"M. Sandford ouvrit les yeux et la vit partir.

"Ah!" dit-il amèrement, "enfin je l'ai chassée de mon côté, même son esprit patient est enfin réveillé. Margaret."

"Oui," répondit-elle d'une voix contrainte.

"Vous me condamnez aussi."

Elle ne pouvait pas parler.

Les fois innombrables où elle l'avait vu violent et abusif envers la pauvre Mme Dorriman, la douleur cruelle qu'être à sa merci avait toujours été pour la pauvre femme, l'imposture, tout la déconcertait et la choquait.

M. Stevens est revenu, Christie était toujours appuyée contre la porte comme une statue.

"Comment votre fraude a réussi, je ne peux pas comprendre", dit-il sèchement.

"Qui était là pour poser des questions ? Qui devait savoir ce qui s'était passé ?" a demandé M. Sandford ; "Je n'avais rien à prouver. Le résultat de la tromperie de mon père a été de rendre tout facile. Comme j'avais vécu avec lui, été accepté comme son fils légitime de son vivant, à l'époque où il aurait pu parler, pourquoi ne devrais-je pas être accepté comme son fils légitime alors que la parole lui était refusée ? Il n'y avait aucun papier pour prouver ou réfuter quoi que ce soit, on ne m'a demandé de produire aucun acte de baptême et personne n'a pensé à m'interroger sur l'acte de mariage de ma mère.

"Mais maintenant, vous savez tout, faites quelles mesures vous voudrez pour me proclamer au monde un imposteur... qu'est-ce que cela signifie pour moi ? Personne ne peut me refuser les six pieds de terre, c'est tout ce que je veux directement."

"Monsieur", dit Christie, "lorsque vous avez vendu l'endroit, était-ce par crainte d'un jugement si vous y viviez ?"

"J'ai vendu l'endroit ! Comment pourrais-je vivre dans cet endroit pour me rappeler à chaque instant que ce n'était pas vraiment le mien ? Chaque arbre, chaque arbuste semblait être un témoin contre moi. J'ai commencé à détester cet endroit."

"Et qu'est-ce qui t'a fait croire que je savais quelque chose ?"

"Parce que ton père était tellement avec le mien," répondit-il lentement; "Je n'en ai jamais été sûr, mais j'ai parfois cru qu'il savait quelque chose."

"Il ne savait rien, mais il devinait ; il disait que quand on vendait la maison, c'était étrange qu'un homme aisé ne vende pas la maison familiale sans une bonne raison... Mais mon mon père avait raison dans ce qu'il a dit, s'écria-t-elle, ses yeux devenant brillants à mesure qu'elle voyait se rapprocher de plus en plus l'accomplissement de sa prophétie ; "Il a dit que tu aurais le tien, ma chère, et tu l'as maintenant !"

Elle parlait comme si Mme Dorriman était toujours présente.

Margaret a vu que M. Sandford avait presque perdu connaissance et elle les a précipités, le laissant seul avec le médecin qu'elle a convoqué.

Mme Dorriman, qui depuis si longtemps avait été privée de ses droits, était tout à fait bouleversée par ce brusque retour sur toutes ses conclusions habituelles ; toutes les longues années de sa dépendance avaient tellement failli écraser son esprit qu'il lui était difficile de saisir sa situation actuelle. M. Stevens était plein de patience.

"Et l'endroit est vendu !" » dit-elle avec le sentiment soudain de ne pas pouvoir l'avoir, malgré tout.

"Je pense que nous pouvons convaincre l'homme qui l'a acheté d'y renoncer", a déclaré M. Stevens; "Nous essaierons en tout cas."

Elle pleurait amèrement ; elle se souvenait de la douce indécision de son père, même pour des bagatelles, et en effet sa jeunesse aurait été bien plus heureuse s'il avait seulement pu résister au caractère autoritaire de son fils ; mais la connaissance du mal qu'il lui avait fait le fit céder. C'était un homme qui détestait tout ce qui troublait sa tranquillité, et ce n'est que lorsqu'il y était obligé et forcé qu'il avait dit la vérité à son fils. L'effet de ce coup fut terrible. Avoir été autorisé à grandir en considérant sa position comme certaine et, juste au moment où il était le plus désireux d'avoir un avenir juste à offrir à Margaret Rivers qu'il vénérait, que tout soit balayé sous ses pieds, lui a presque fait perdre la tête. .

Mme Dorriman ne pouvait de toute façon pas voir son frère à ce moment-là, et M. Stevens ne l'a pas pressée de le faire. Il savait que le médecin ne pensait pas qu'il y avait un danger immédiat, il devait l'escorter à Inchbrae, comprenant parfaitement qu'elle avait reçu un choc trop violent pour s'en remettre immédiatement.

Lorsqu'elle demanda naturellement à Margaret de revenir avec elle, elle fut surprise, presque blessée, par son refus.

"Je sens que tu as le bonheur en perspective, ma tante chérie," répondit Margaret; " mais cet homme très malheureux ! Oh, n'ayez pas l'air si affligé ! Je dois faire ce que je sens bien. Je ne peux pas le laisser faire face à ces remords, et tout seul. "

"Je ne peux pas penser à lui ! Je ne pouvais pas le voir !" dit la pauvre Mme Dorriman avec une véhémence tout à fait étrangère à sa nature. "Oh, Margaret, si tu savais tout ce que j'ai souffert autrefois !" elle s'arrêta avec un sanglot soudain.

" Ne pensez pas que je ne sympathise pas pleinement et entièrement avec vous ; c'est une position terrible ; il vous a blessé, et cela a été des plus cruels ; mais, ma tante, ne le laissez pas vous faire davantage de mal, car il y a un Encore un préjudice que cela pourrait vous causer, un tort encore plus grand ! »

Mme Dorriman essuya précipitamment ses larmes qui l'aveuglaient et regarda Margaret avec un étonnement vide.

"Une autre blessure, Margaret ! Quelle autre blessure peut-il me rester ? J'ai sûrement assez souffert de ses mains ?"

"Oh!" s'écria Margaret avec passion. " Ne voyez-vous pas, ne sentez-vous pas que si vous permettez que cela vous irrite l'esprit ; si vous permettez que la douceur de votre nature se transforme en fiel ; si votre âme souffre et que vous dites qu'il n'est pas possible de pardonne, il y aura une blessure plus profonde ? »

Elle s'arrêta et la quitta, et la pauvre Mme Dorriman la regardait, comme si elle s'attendait à son retour.

Une fois auparavant, elle avait eu une lutte acharnée et elle avait pardonné. Elle se rendit dans sa chambre, où tout était prêt pour son départ, et elle s'enferma...

La chambre de M. Sandford était vide et désolée. Il ne permettait à personne de s'approcher de lui. Il a renvoyé Margaret, même si elle avait insisté pour lui apporter à manger et avait essayé de lui parler.

Il restait assis de longues heures à souffrir gravement, tant physiquement que mentalement. Il semblait seulement maintenant se rendre compte plus pleinement à quel point il s'agissait d'un crime. Le caractère de sa sœur, à ses yeux si faibles, était, selon lui, impropre à la position qu'elle aurait dû occuper

; et c'était sa propre excuse lorsque la conscience s'affirmait, ou plutôt essayait de le faire.

Ils l'avaient tous quitté, pensa-t-il. Il y avait eu du bruit et du mouvement dans le hall, et il avait entendu des roues.

La lumière diminuait rapidement dans la pièce, à cause de l'ombre du crépuscule, dans laquelle son visage paraissait pâle et blanc.

Il savait que ses heures étaient comptées et il souhaitait prier ; mais il n'avait aucune habitude de prier ; il avait toujours eu peur....

Comme il souffrait ! Son cœur battait comme si chaque coup allait le faire éclater.

La porte s'ouvrit très lentement et il démarra. Qui était l'intrus ? Qui est venu se moquer de ses souffrances ?

Puis une voix douce parla de la lumière faible et déclinante : « Frère ! et Mme Dorriman s'approcha et s'agenouilla à ses côtés.

"J'ai eu tort", dit-elle. "Je ne pensais qu'à moi et je ne me rendais pas compte de vos torts. Une fois de plus, je viens vous dire pardon, comme j'espère moi-même le pardon."

Sa voix s'éteignit. Elle l'entendit dire avec ferveur, d'une voix très basse : « Dieu merci ! et elle a continué...

"Mais même si je souhaite que vous le sachiez – pour essayer d'oublier le mal qui m'a été fait – il y en a un autre vers qui vous tourner, à qui demander pardon."

Elle sentit sa main serrer la sienne ; et comme dans un rêve sortait de ses lèvres cette première prière de l'enfance : « Notre Père !

Elle l'a quitté au bout d'un moment ; mais elle n'est pas partie cette nuit-là.

Le lendemain, son domestique, qui dormait dans la petite antichambre, vit qu'il était occupé à écrire, puis se coucha et dormait maintenant.

Le médecin vint le voir et ordonna que quelqu'un reste à côté de lui.

Les heures passaient, mais Christie assise là ne voyait aucun changement, seul un plus grand calme semblait remplir la pièce.

Puis soudain, elle comprit que ce sommeil était le sommeil éternel qui ne connaît pas de réveil ici.

Mme Dorriman, à Inchbrae, souffrit une fois de plus longtemps des effets de toute l'agitation qu'elle avait traversée. La dernière nuit de la vie de M.

Sandford fut passée à lui écrire, mais même à M. Stevens elle ne dit rien du contenu de sa lettre, seulement réconfortée par la prière murmurée qui était son dernier souvenir de lui. Un point l'inquiétait : la récupération de l'ancien lieu et la nécessité de faire connaître au monde ce chapitre douloureux de l'histoire familiale.

M. Stevens a arrangé les deux affaires pour elle. M. Sandford, ayant tout légué par testament à sa sœur, celle-ci paya les droits d'héritage pour l'argent, qui s'avéra avoir énormément accumulé.

Sandford fut racheté et remeublé et, sous l'aile de Mme Macfarlane, Mme Dorriman changea de nouveau de nom, et M. et Mme Stevens Sandford se rendirent dans l'ancienne maison. Par son souhait exprès, il n'y aurait pas de grandes réjouissances : dans son cœur resterait longtemps ce sentiment d'un passé terrible, que le temps seul pouvait adoucir et guérir.

Mais, comme un arbre coupé et flétri sous une exposition cruelle et qu'un sol défavorable revit et fleurit lorsqu'il est transplanté dans un air doux, ainsi le caractère de Mme Dorriman (nous devons encore l'appeler Dorriman) est devenu plus ferme et plus fort.

Elle avait beaucoup à oublier, mais l'amour est un facteur important, et comme le sujet était un sujet sur lequel, après le premier, M. Stevens Sandford ne lui permettait pas de s'attarder ou d'en parler, il lui sortit peu à peu de l'esprit.

Elle avait maintenant une vie plus remplie, des fils et des filles se regroupaient autour d'elle et lui donnaient l'amour dont elle avait tant désiré.

Margaret et son mari se contentaient de vivre une vie tranquille, utile et heureuse. Ses autres enfants n'ont pas banni le premier de sa mémoire et son moral n'a jamais été au beau fixe. Mais elle était heureuse et joyeuse. Le seul ébouriffage constant à la surface de sa mer plus calme était sa sœur.

Grace était toujours la même Grace – tantôt passionnée par son mari et lui prodiguant affection et affection, puis se disputant violemment avec lui et l'accusant de presque tous les péchés mentionnés dans le Décalogue.

Elle a quand même gardé son affection ! Elle était l'une des personnes provocatrices, irritantes et pourtant charmantes qui pouvaient influencer la passion d'un homme à volonté, et elle avait le plus grand droit à la patience d'un homme généreux : une mauvaise santé.

Elle était pour sa sœur un étonnement perpétuel et souvent une inquiétude terrible.

Les poèmes de Margaret n'étaient plus passionnés, ni même puissants. On a dit, et avec beaucoup de vérité, que le poème le plus grand, comme la musique la plus sublime, naissent de la misère humaine, mais cela s'applique à la poésie en ton mineur.

Le mari de Margaret donne une autre raison pour expliquer son silence. Les soins et la pensée constants prodigués à chaque créature dans son rayon : elle est l'une des femmes qui trouve son plus grand bonheur en le donnant aux autres.

Christie n'a pas vécu longtemps ; elle vit sa maîtresse bien-aimée installée dans son ancienne maison, et mourut peu après, heureuse que ce soit fait.

Et Jean ? Jean a pris tout le monde par surprise et a épousé un bon mécanicien travailleur et régulier à Renton.

Ils se sont tous exclamés lorsqu'elle a annoncé son mariage, et Mme Dorriman a déclaré :

"Et toi, Jean, qui trouve si affreux de vivre près de toute cette fumée et qui trouve cela si différent de ce à quoi tu étais habitué ?"

"Eh, madame," répondit Jean en souriant jusqu'aux oreilles, "ce n'est pas l'endroit, c'est l'homme !"

LA FIN.

---

[1] Casquette de femme mariée des Highlands.